APRESENTAÇÃO

A água é imprescindível à sobrevivência não exclusivamente do ser humano, mas dos seres vivos em geral. Ela é essencial não apenas por fazer parte do organismo, por matar nossa sede, por ser necessária para transportar nutrientes e outras substâncias indispensáveis para as diversas partes do nosso corpo, por eliminar impurezas ingeridas e produzidas pelo nosso organismo (excretas), mas também por outras inúmeras funções. Além de tudo isso, a água integra diversas situações de nossa vida diária, como: hábitos, cultura, crenças, lazer, transporte, trabalho e alimentos, desempenhando papéis importantes. Grandes civilizações, como a do Egito Antigo e a da China, ergueram-se às margens de rios que se tornaram famosos por garantirem a vida dessas populações, e ainda hoje as maiores cidades estão situadas às margens de grandes rios.

É impossível imaginar um tipo de vida em sociedade que dispense o uso da água. Ela está presente tanto nas atividades cotidianas quanto nas produções industriais, na geração de energia para muitas cidades, no dinamismo da agricultura, no transporte hidroviário, entre outras diversas circunstâncias. A água também gera prazer, quando está presente nos momentos de lazer, proporcionando mergulhos relaxantes e o desafio de esportes aquáticos, entre outros momentos deliciosos na piscina, no rio ou no mar.

A água constitui quase toda a superfície de nosso planeta. Ironicamente, a maior parte dessa água não pode ser consumida de imediato! Apenas uma porção muito pequena serve para consumo humano, e dessa diminuta parcela extraímos todo potencial para satisfazer nossas necessidades não apenas biológicas, mas econômicas e culturais, tornando-nos cada vez mais dependentes desse recurso natural.

Embora a sociedade contemporânea esteja a cada dia mais dependente da água, em razão das sofisticações tecnológicas, do modo de vida urbano, da falta de planejamento e do crescimento populacional, essa substância tem sido progressivamente consumida e degradada. Ou seja, esse recurso básico natural não tem sido preservado!

Como consequência dessa conduta, muitos povos já estão sendo prejudicados pela falta de água potável, e isso tende a se agravar se continuarmos nos comportando do mesmo modo. A necessidade de reelaborar os conceitos de riqueza e de desenvolvimento atuais, de maneira que se tornem mais coerentes com a sustentabilidade do planeta é discutida neste livro, bem como vários aspectos que envolvem a substância água: fontes disponíveis, possibilidade de reaproveitamento, danos causados ao meio ambiente em razão do uso indevido dessa substância, doenças transmitidas por esse meio.

Que a leitura deste livro possa colaborar para conscientizar os leitores a respeito de questões ambientais do mundo contemporâneo!

Eloci Peres Rios

SUMÁRIO

PROJETO CIÊNCIA

ÁGUA VIDA E ENERGIA

Eloci Peres Rios

ILUSTRAÇÕES
Selma Caparroz e Luca Navarro

2ª edição

Atual Editora

Saraiva Educação S.A.
Avenida das Nações Unidas, 7.221 – Pinheiros
CEP 05425-902 – São Paulo – SP
www.coletivoleitor.com.br

Tel.: (0xx11) 4003-3061
atendimento@aticascipione.com.br

Dados Internacionais de Catalogação na Publicação (CIP)

Rios, Eloci Peres
Água : vida e energia / Eloci Peres Rios – Ilustrações Selma Caparroz e Luca Navarro. – 2. ed. reformulada – São Paulo : Atual, 2015. – (Projeto Ciência)

Acompanha suplemento de atividades.

ISBN 978-85-357-2002-0

1. Água (Ensino fundamental) I. Título. II. Série.

CDD: 372.35

Índice para catálogo sistemático:
1. Água : Ciências : Ensino fundamental 372.35

7ª tiragem, 2023

COLEÇÃO PROJETO CIÊNCIA

Gerente editorial executivo: Rogério Carlos Gastaldo de Oliveira
Edição: Fernanda Almeida Umile
Preparação de texto: Alessandra Maria Rodrigues da Silva
Revisão: Solange Pereira; Sirlei Panochia
Produtor editorial: Elcyr Alberto de Oliveira
Ilustrações: Selma Caparroz e Luca Navarro
Produtora gráfica: Liliane Cristina Gomes
Impressão e acabamento: Log&Print Gráfica, Dados Variavéis e Logística S.A.

CL: 810694
CAE: 576169

ÁGUA E VIDA

1

Thinkstock/Getty Images

SEM ÁGUA NÃO HÁ VIDA. SIMPLES ASSIM? SIM. APESAR DE A ÁGUA SER UMA DAS SUBSTÂNCIAS MENOS COMPLEXAS QUE EXISTEM NA TERRA –, FORMADA POR UMA MOLÉCULA COMPOSTA DE APENAS TRÊS ÁTOMOS – APRESENTA PROPRIEDADES ÚNICAS E INDISPENSÁVEIS À EXISTÊNCIA DE SERES VIVOS.

Para compreender essa ideia, basta compararmos a vida existente em um deserto com aquela encontrada em uma floresta tropical, como a Amazônica. A quantidade de organismos vivos em cada um desses ambientes é extremamente diferente. Em ambientes onde a água se mostra presente em determinados períodos do ano, a vida é sempre mais abundante do que naqueles onde ela não existe ou é rara.

Com os seres humanos, não é diferente. A distribuição de nossa espécie está diretamente relacionada à presença de recursos hídricos. As áreas mais populosas são as que ficam próximas a ambientes aquáticos, como rios, lagos e oceanos. Nas primeiras civilizações, isso ocorria não só por conta do abastecimento de água para a população e para a criação de animais, mas também porque as margens dos rios são férteis, adequadas ao plantio. Além disso, os leitos favorecem a pesca e, em alguns casos, o transporte de cargas e de pessoas. Tudo isso, entre outros fatores, propicia o desenvolvimento humano.

Dietmar temps/Shutterstock

Deserto da Namíbia, na África, onde as poucas formas de vida se restringem a uma reduzida variedade.

achiaos/Shutterstock

Na floresta Amazônica, a vida vegetal e a animal são diversas e abundantes.

Portanto, não é surpresa encontrar muitos centros urbanos do mundo situados às margens de grandes rios. Pode-se citar aqui alguns exemplos: as cidades do Cairo e de Alexandria, no Egito, são banhadas pelo rio Nilo; Paris, na França, acompanha o rio Sena; em Londres, na Inglaterra, há o rio Tâmisa; Viena, na Áustria, contorna o rio Danúbio; Tóquio, no Japão, contém o rio Sumida; a cidade de Berlim, na Alemanha, é cortada pelo rio Spree. Na América do Sul, o Rio da Prata separa Montevidéu, no Uruguai, de Buenos Aires, na Argentina. No Brasil, não é diferente: a cidade de São Paulo, no estado de São Paulo, comporta os rios Tietê e Pinheiros; a cidade de Recife, localizada no estado de Pernambuco, apresenta o rio Capibaribe; e Porto Alegre, capital do Rio Grande do Sul, o rio Guaíba.

E onde você mora, também há algum rio?

A água e os seres vivos

Mas por que os seres vivos necessitam de água para sobreviver?

Para começo de conversa, a água é o componente predominante na constituição dos seres vivos, o que nos dá uma ideia da importância dessa substância para o funcionamento dos organismos. Alguns animais e vegetais, como a água-viva e a melancia, chegam a conter mais de 90% de água, ou seja, de cada cem partes da água-viva ou da melancia, noventa são de água. Na maioria dos seres vivos, no entanto, a quantidade de água é menor. O organismo das galinhas, por exemplo, é constituído por cerca de 70% de água, enquanto um abacaxi apresenta 80% dessa substância. Por outro lado, os organismos com menor quantidade de água são as sementes de plantas, cuja constituição apresenta apenas de 10% a 20% dessa substância. Embora sejam consideradas seres vivos, as sementes encontram-se em estado latente, isto é, só se desenvolverão quando as condições forem adequadas.

No corpo humano, a quantidade de água representa aproximadamente quase 70% da massa total. Mas essa quantidade varia de acordo com determinados fatores, e um deles é a idade do indivíduo. Há uma tendência de que com o envelhecimento nosso corpo tende a ficar menos hidratado. Pessoas com mais de sessenta anos podem chegar a conter apenas 55% de água no corpo.

Variações na porcentagem desse líquido também podem ser notadas na constituição de diferentes estruturas de um mesmo indivíduo. Os ossos, por exemplo, estão entre os componentes com menor proporção de água (cerca de 40% apenas), enquanto o sangue é o elemento que apresenta maior quantidade de água (75%). Outros tecidos e órgãos, como os músculos e o cérebro, contêm cerca de 80% de água em sua constituição. Essas diferenças nas porcentagens estão ligadas às funções exercidas por esses componentes de nosso organismo. A dureza dos ossos – necessária para cumprir o papel de sustentação do corpo e apoio para os músculos – deve-se em parte à reduzida quantidade de água do tecido ósseo. No cérebro, centro de comando do corpo, esse líquido é essencial à transmissão das mensagens desse órgão para o restante do organismo, enquanto nos músculos é primordial para produzir proteínas e eliminar toxinas. O sangue, por atuar no transporte de substâncias – sais, gases e nutrientes – precisa ser fluido e por isso contém uma elevada quantidade de água em sua composição. Do mesmo modo, em todas as secreções líquidas – como as lágrimas que limpam e lubrificam nossos olhos, a saliva e o suco gástrico que exercem funções determinadas para facilitar a digestão dos alimentos –, a água também está presente em grande quantidade.

Essa substância preciosa é indispensável para o funcionamento do organismo. Por essa razão, a quantidade de água em nosso corpo deve estar em equilíbrio. Basta uma desidratação de apenas 10% para provocar problemas graves e, se essa perda atingir 20%, ela pode provocar a morte do indivíduo.

Você sabia?

A água é o elemento mais abundante no organismo humano. Mais de 70% dele é composto de água.

A água tem importância vital para todo o organismo, pois: regula a temperatura do corpo; ajuda na normalização da pressão arterial; umidifica os tecidos da boca, olhos e nariz; protege os órgãos e os tecidos do corpo; lubrifica as articulações; ajuda a prevenir a prisão de ventre; reduz a sobrecarga nos rins e no fígado por meio da eliminação de resíduos; ajuda a dissolver minerais e outros nutrientes para deixá-los acessíveis ao corpo; transporta os nutrientes e o oxigênio para as células.

Baseado em: DMAE - Departamento Municipal de Água e Esgoto. Disponível em: <www.dmaepc.mg.gov.br/agua/index.php>. Acesso em: 3 set. 2015.

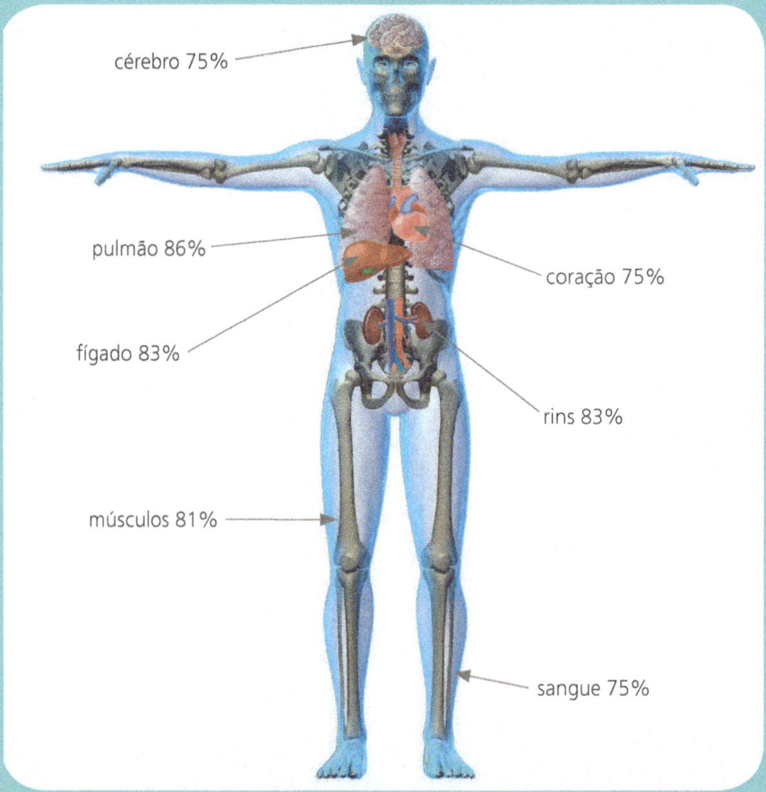

Muita água é eliminada do nosso organismo através da urina, das fezes, do suor e das lágrimas. Se não houver constante reposição do líquido, isto é, se uma pessoa ou um animal não ingerir água com certa regularidade, ele pode se desidratar e morrer em poucos dias. O caminho mais indicado para a reposição de água é a alimentação. Praticamente todos os alimentos contêm água. Alguns possuem mais, como frutas e legumes, outros menos, como nozes e castanhas. Na tabela abaixo, podemos observar a quantidade de água presente em alguns alimentos e comparar essa variação.

PORCENTAGEM DE ÁGUA DE ALGUNS ALIMENTOS*

ALIMENTO	ÁGUA (%)
Alface	96
Abobrinha	95
Tomate	95
Laranja	95
Melancia	92
Berinjela	92
Couve-flor	92
Carambola	91
Espinafre	91
Melão	90
Vagem	90
Brócolis	89
Iogurte	88
Couve	84
Abacaxi	85
Manga	83
Batata	83
Banana	76
Ovo cru	74
Milho verde	74
Mortadela	55
Carne moída	54
Pão integral	37
Carne de vaca (bife)	20
Margarina	17
Amêndoa	7
Bolacha salgada	3
Cereal matinal	3
Castanha de Caju	3
Pipoca	3

Fonte: Adaptado de: <www2.unifesp.br/dis/servicos/nutri/public/nutriente>. Acesso em: 6 jul. 2015.

*É possível perceber, que de um modo geral as frutas, legumes e verduras apresentam um teor mais elevado de água em sua composição.

Você sabia?

O consumo de cada dia

Cada pessoa tem uma necessidade diferente de consumo de líquidos.

Yuri Samsonov/Shutterstock

Dessa maneira, se uma pessoa ou um animal se alimentar bem, uma parte da água necessária para o funcionamento do organismo estará garantida. Mesmo assim, salvo exceções, é imprescindível, a nós e aos animais, ingerir líquido diariamente.

Não é exagero afirmar que todas as atividades realizadas pelos seres vivos (e não só humanos) implicam gasto de água. Nos animais, além das funções já mencionadas, podem-se citar outras em que a água atua, como: a eliminação de impurezas ingeridas e produzidas pelo nosso corpo (excretas) por meio da urina, do suor e das fezes; a regulação do equilíbrio térmico do organismo; a digestão e a reprodução.

A planta, assim como qualquer outro ser vivo, necessita de água, que é imprescindível para a obtenção e distribuição de nutrientes e para a realização da fotossíntese. Na maior parte dos vegetais, a água é absorvida através das raízes e passa por tubos — os vasos condutores — que a distribuem por toda a planta. Ao sorver a água, as raízes retiram do solo outros nutrientes, como os sais minerais.

A água nos seres vivos

As plantas obtêm a água de que necessitam retirando-a diretamente do solo através das raízes. A água participa da fotossíntese, constitui as seivas bruta e elaborada e, por fim, é eliminada através das folhas pela transpiração.

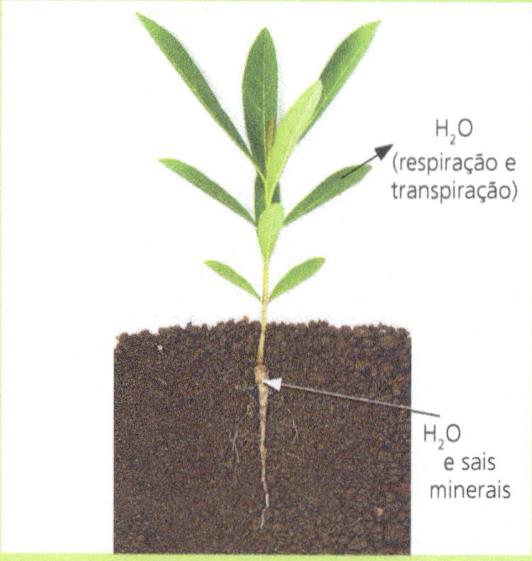

showcake/Shutterstock

Thinkstock/Getty Images

A água está presente na vida dos seres humanos e dos animais mesmo antes de eles nascerem, dentro do ventre de sua mãe.

Os animais obtêm água bebendo-a diretamente ou por meio dos alimentos. A água está presente na circulação sanguínea, na digestão e em vários órgãos.

Quando os seres humanos transpiram e respiram, parte da água ingerida volta à natureza em forma de vapor e líquido. Os animais eliminam água através da urina e das fezes. Quando os seres vivos morrem, toda a água que havia em seu corpo volta para a terra.

Considerando que algumas árvores atingem mais de 30 metros de altura —, o que equivale a um prédio de 10 andares — podemos nos perguntar: Como será que a água consegue subir tão alto?

Uma das maneiras de explicar tal fato é por meio do processo da transpiração. Grande parte da água que entra pelas raízes das plantas sai pelas folhas por meio da transpiração. Esse processo é fundamental para que as substâncias possam ser distribuídas por toda a planta. Por exemplo, os sais e a água são levados a outras partes do organismo vegetal graças ao movimento contínuo de água produzido pela entrada através das raízes e saída pelas folhas. É mais ou menos como quando a gente bebe refrigerante com um canudinho e a bebida sobe. A transpiração realiza esse efeito sugador, fundamental para a sobrevivência dessas espécies.

Uma das razões para isso é a fotossíntese, um dos fenômenos mais importantes da natureza, pois garante a vida do próprio vegetal bem como da maioria dos outros seres vivos. Para realizar esse processo, as folhas absorvem o gás carbônico do ar, o qual se combina com a água e forma um açúcar: a glicose, alimento básico para muitos seres vivos. Todo esse processo, na verdade, depende da energia luminosa (principalmente do Sol), sem a qual não ocorre a transformação do gás carbônico e da água em glicose.

SOCIEDADE HUMANA DEPENDENTE DA ÁGUA

2

Thinkstock/Getty Images

A ÁGUA PODE SER UTILIZADA DE DIVERSAS MANEIRAS, E UM DE SEUS USOS PRINCIPAIS É GARANTIR A SOBREVIVÊNCIA DAS POPULAÇÕES HUMANAS E O EQUILÍBRIO DOS ECOSSISTEMAS, INCLUINDO TODAS AS PLANTAS, ANIMAIS E ATÉ OS ORGANISMOS QUE NÃO CONSEGUIMOS VER SEM O AUXÍLIO DE UM MICROSCÓPIO.

A sociedade é dependente da água, afinal, muitas das atividades que fazem parte da rotina das cidades envolvem a redução do volume da água dos rios, dos lagos e de águas subterrâneas, porque consomem diretamente a água. Nessa categoria de uso podemos incluir, por exemplo, o abastecimento para consumo humano, a criação de animais, a agricultura e o uso industrial.

Por outro lado, há também outra categoria que envolve os usos que não consomem diretamente a água, como os usos para o lazer, a navegação e a geração de energia.

Isso tudo nos faz pensar nos inúmeros momentos de nossa rotina em que a água está presente. Você já imaginou como seria se não tivéssemos água para tomar banho, ativar a descarga do vaso sanitário, regar as plantas, escovar os dentes, preparar os alimentos, lavar roupas? Faltando incluir também as atividades de lazer! Quem não gosta de dar um mergulho na piscina, no rio ou no mar? Comece a reparar quantas vezes e em que circunstâncias você usa água no seu cotidiano.

Esse líquido também é indispensável a outros setores e outras funções da sociedade. A água é utilizada para irrigar as terras agrícolas, abastecer reservatórios de água e é usada em muitas atividades industriais que fornecem um número cada vez maior de produtos à sociedade atual. Além disso, é utilizada na produção de energia elétrica, em diversas regiões do mundo, por meio das usinas hidrelétricas. A água pode também servir como via de transportes, para o tráfego de embarcações, ou seja, a navegação fluvial, que é vantajosa devido à grande capacidade de carga dos navios.

Todas essas atividades realizadas pelos seres humanos, quando somadas a outras atividades não mencionadas, consomem cerca de 6 000 km³ de água por ano no planeta todo.

Usos da água no mundo

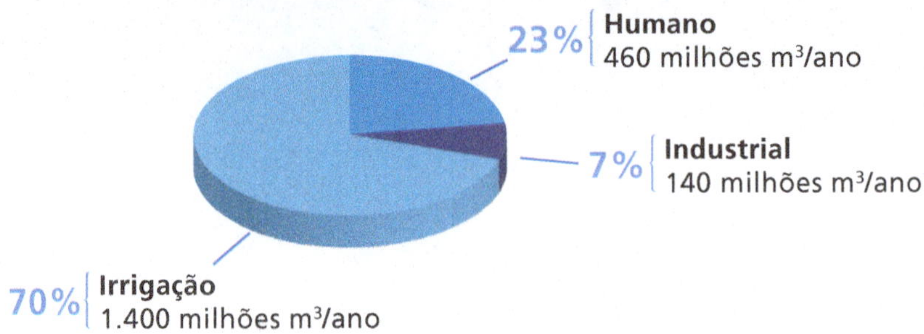

Usos da água no Brasil

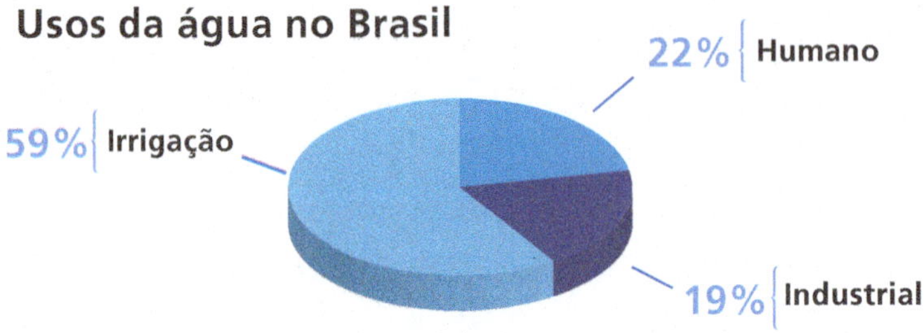

Baseado em: *Guia dos estudantes atualidades* - 2º semestre/2014. Disponível em: <http://guiadoestudante.abril.com.br/blogs/atualidades-vestibular/2015/01/>. Acesso em: 4 set. 2015.

Água nos diversos setores da sociedade

Na indústria

O desenvolvimento tecnológico alcançado pela sociedade atual não diminui a dependência do ser humano em relação à água. Muito pelo contrário: ela se torna cada vez mais necessária e imprescindível. Para sustentar o estilo de vida de boa parte dos seres humanos nos dias de hoje, o uso e o consumo mundial de água são necessários não apenas para o funcionamento do corpo e para a higiene básica, mas quantidades incríveis de litros de água também são necessárias e gastas para produzir bens e alimentos, além da necessidade e dos gastos com serviços. No setor industrial, a água é um dos principais componentes necessários em diversas etapas da linha produtiva. A água é usada para aquecimento, resfriamento, limpeza e esterilização de equipamentos. Para a fabricação de alimentos, especialmente é utilizada como um ingrediente ou como veículo para incorporar ingredientes à preparação, além da higienização dos alimentos. Assim, ao longo de toda a cadeia de produção e abastecimento dos diversos bens, existe um uso de água, o qual muitas vezes é ignorado. Por exemplo, a produção de papel está entre os processos industriais que mais usam água: são necessários 540 litros de água para produção de 1 quilograma de papel.

Outros exemplos: para fabricar 1 tonelada de aço, são necessários 260 mil litros de água; uma pessoa, em sua vida rotineira, pode gastar até 300 litros de água por dia; para produzir um quilograma de açúcar são necessários 1 500 litros de água; para produzir um litro de leite são necessários 1 000 litros de água. E que um quilo de carne de vaca gasta 15 500 litros para ser produzido?

A fim de determinar o volume de água usado na produção de bens e serviços e ajudar a criar estratégias para a redução desse consumo, foi elaborado (em 2002), pela **Water Footprint**, ONG internacional sem fins lucrativos, que promove estudos relacionados ao consumo de água, um indicador denominado PEGADA HÍDRICA.

Poderíamos nos perguntar: Qual é a relevância dessa informação?

O conhecimento da pegada hídrica de diversos produtos e serviços é relevante porque auxilia não apenas empresas, mas também diversos setores da sociedade na tomada de decisões em relação ao uso da água nos processos de produção. Para se ter uma ideia da pegada hídrica de alguns produtos, consulte a tabela a seguir, que contém alguns exemplos.

PEGADA HÍDRICA constitui, assim, um indicador que expressa tanto o consumo de água envolvido na produção dos bens e serviços quanto a consumida diretamente pelas pessoas em seu cotidiano. O conceito é cada vez mais tomado como um importante indicador do uso e consumo da água aplicado na tentativa de minimizar os impactos ambientais envolvendo esse recurso.

PEGADA HÍDRICA DE ALGUNS PRODUTOS

PRODUTO	PEGADA HÍDRICA (l/KG = LITROS POR QUILOGRAMA)
Maçã	822
Banana	790
Carne de Vaca	15415
Pão de Trigo	1608
Manteiga	5553
Repolho	237
Queijo	3178
Carne de Frango	4325
Chocolate	17196
Café	18900
Pepino	10000
Ovos	350
Alface	3300
Milho	237
Laranja	560
Macarrão Cru	1849
Carne de Porco	5988
Batata	287
Arroz	2497
Açúcar	1782

Adaptado de: <www.waterfootprint.org/?page=files/productgallery>. Acesso em: 3 maio 2015.

Você sabia?

A Pegada hídrica de um consumidor brasileiro, segundo os cálculos do professor holandês Hoekstra, que criou o conceito de Pegada hídrica é de 3 780 litros por dia, dos quais apenas 5% são consumidos dentro de casa em atividades cotidianas, como higiene, limpeza e alimentação. Os outros 95% correspondem à chamada "pegada invisível", presente em produtos industriais e agrícolas.

Para saber mais sobre **Pegada hídrica**, veja:

Water Footprint
<www.pegadahidrica.org>.

Sabesp
<http://site.sabesp.com.br/site/fale-conosco/faq.aspx?secaoId=134&cid=27>.

Manual de Avaliação da Pegada Hídrica - Estabelecendo o Padrão Global, publicação da The Nature Conservancy (TNC) em parceria com a Rede da Pegada Hídrica (Water Footprint Network - WFN).

http://waterfootprint.org/media/downloads/ManualDeAvaliacaoDaPegadaHidrica.pdf

A pegada hídrica
<http://economia.estadao.com.br/noticias/geral,a-pegada-hidrica-imp-,953709>.

Na produção de energia elétrica

A água tem sido utilizada para gerar diferentes formas de energia desde a Antiguidade, quando proporcionava o movimento mecânico das engrenagens nas instalações de moagem de grãos, por exemplo. A partir das primeiras décadas do século XX, muitos países construíram usinas hidrelétricas com o intuito de aproveitar o potencial hidráulico dos rios para gerar eletricidade. O Brasil é exemplo disso, pois mais de 70%, ou seja, a maior parte da energia elétrica do país é produzida em usinas hidrelétricas.

Essas usinas geram eletricidade graças à força das águas, as quais movimentam as turbinas, que nada mais são do que pás giratórias. Essa energia de rotação das turbinas é transferida aos geradores que a convertem em eletricidade.

As hidrelétricas costumam ser instaladas em rios caudalosos e que apresentam quedas-d'água, para que a força das águas possa movimentar as turbinas.

Lúlia Timofeeva/Shutterstock

Usina Hidrelétrica de Itaipu, no Paraná.

A quantidade de eletricidade produzida em uma usina hidrelétrica depende de diversos fatores. Um deles é a altura da cachoeira: quanto maior a queda, maior a produção de energia. Outro fator é a quantidade de água que passa pela usina, que pode variar durante o ano. Na estação chuvosa, evidentemente, a quantidade de água é maior, mas durante a estação seca muitas vezes não há água suficiente para operar a usina.

Para que a usina possa funcionar continuamente, a descarga de um rio precisa ser regulada. Com essa finalidade, constroem-se as barragens, que fecham o vale pelo qual corre o rio. Com essa obstrução do rio, a água não tem como continuar seu curso natural e forma um lago artificial ou represa, o que garante a quantidade de água necessária para gerar energia.

No transporte hidroviário

Outro uso que a sociedade humana faz da água é como **HIDROVIA** para o transporte de pessoas e mercadorias em embarcações.

HIDROVIA é um caminho na água ou, melhor, em um rio, que às vezes recebe modificações, infraestrutura e sinalização, possibilitando a navegação de variados tipos de embarcação.

O transporte em embarcações comparado ao transporte em trens e caminhões apresenta algumas vantagens. Primeiro, as embarcações podem transportar a grandes distâncias maior quantidade de mercadorias como minérios, cascalhos, areia, carvão, ferro, grãos e outros produtos não perecíveis. O transporte hidroviário é mais econômico, não apenas por causa do custo do transporte em si, mas também por apresentar baixo valor para implantação e manutenção.

Por outro lado, o transporte hidroviário é mais lento e é influenciado pelas condições climáticas. Além disso, se existir a necessidade de construção de infraestruturas especiais como barragens e canais, por exemplo, alguns projetos podem ser custosos e também alterar o ambiente natural, o que torna imprescindível um cuidadoso planejamento antes de sua execução.

Na agricultura

Ubrich Mueller/ Shutterstock

Irrigação de água em uma plantação de morangos.

A necessidade de água para nossa sobrevivência é indiscutível. No entanto, sem alimento também não conseguiríamos sobreviver. Portanto, o cultivo de plantas e a criação de animais têm sido foco do ser humano desde os tempos mais remotos, quando o homem deixou de ser coletor e predador. Esse hábito, que permitiu agrupamentos cada vez maiores de indivíduos formando as sociedades, só foi possível com a presença de água, juntamente com o desenvolvimento de tecnologias para o uso adequado e suficiente desse recurso para a produção de alimentos.

Consumo de água no Brasil (2011)

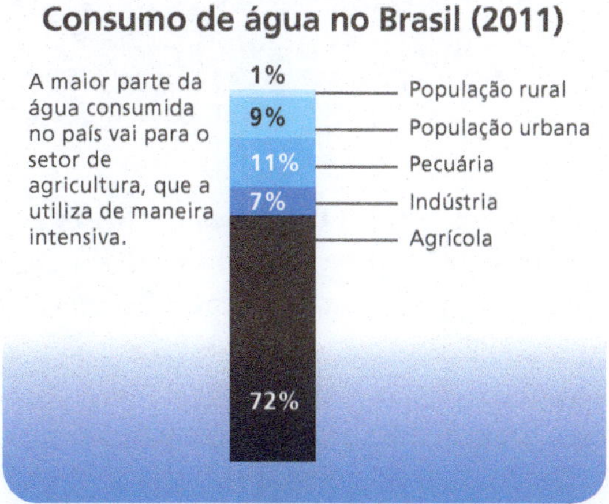

Baseado em: *O atlas da água*, Robin Clarke e Jannet King. São Paulo: Publifolha, 2005.

ÁGUA NO PLANETA

3

Romolo Tavani/Shutterstock

SABENDO DA IMPORTÂNCIA DA ÁGUA PARA A VIDA EM GERAL E PARA A SOCIEDADE ATUAL, VOCÊ JÁ IMAGINOU COMO SERIA NOSSO PLANETA SE NÃO HOUVESSE ÁGUA? EMBORA ESSA HIPÓTESE POSSA PARECER IMPROVÁVEL, HÁ MUITO TEMPO, QUANDO A TERRA SE FORMOU, NÃO HAVIA ÁGUA NELA. ISSO FOI HÁ MAIS OU MENOS 4,5 BILHÕES DE ANOS.

Havia nessa época inúmeros vulcões que lançavam na atmosfera grandes quantidades de gases, de vários tipos. Dois desses gases, o oxigênio e o hidrogênio, combinaram-se e formaram a água ou, melhor, o vapor de água, pois a Terra nesse período era muito quente. Com o passar do tempo, a temperatura do planeta diminuiu, fazendo com que parte do vapor de água que envolvia a Terra formasse nuvens. Dessas inúmeras nuvens, verteu uma chuva intensa, que durou muito tempo. E foi assim que, após milhares de anos, a água passou a cobrir mais da metade da superfície de nosso planeta.

Quase toda a superfície de nosso planeta é constituída de água. Por isso aparece tanto azul nas fotografias da Terra tiradas do espaço: é a cor dos oceanos, que ocupam a maior parte da superfície terrestre. Proveniente dos mares e oceanos, a maior parte da água do planeta é salgada. Apenas uma pequena parte dela (3%) é doce, encontrada, principalmente, nas geleiras, nas calotas polares, embaixo do solo e na superfície sob a forma de lagos, rios e outros reservatórios. E somente essa água doce serve para consumo humano. Ou seja, o planeta dispõe de muita água, mas a maior parte dela (97%) é imprópria para o uso direto.

No gráfico ao lado, podemos observar a distribuição da água no mundo.

Distribuição da água no mundo

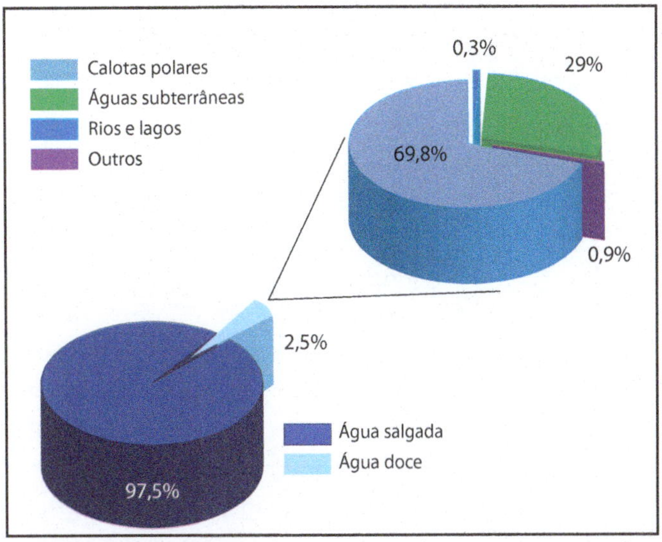

Fonte: Ministério do Meio Ambiente. Disponível em: <www.mma.gov.br>. Acesso em: 4 set. 2015.

Reserva salgada

Embora a princípio a água do mar possa não parecer importante para o consumo humano por ser salgada, ao se evaporar durante o ciclo hidrológico e se transformar em chuva, boa parte dessa água preenche rios, lagos e águas subterrâneas, ou seja, parte da água doce do planeta se origina dos mares e oceanos por meio do processo de evaporação.

Os oceanos recobrem cerca de 50% do hemisfério Norte e 80% do hemisfério Sul. Sua profundidade média é de 3 700 metros; em lugares próximos às Filipinas e ao Japão, chegam a 11 mil metros de profundidade.

A água salgada que recobre todo o globo terrestre costuma ser dividida em cinco oceanos: Pacífico, Atlântico, Índico, Ártico e Antártico conforme o mapa abaixo.

Oceanos e principais mares da Terra

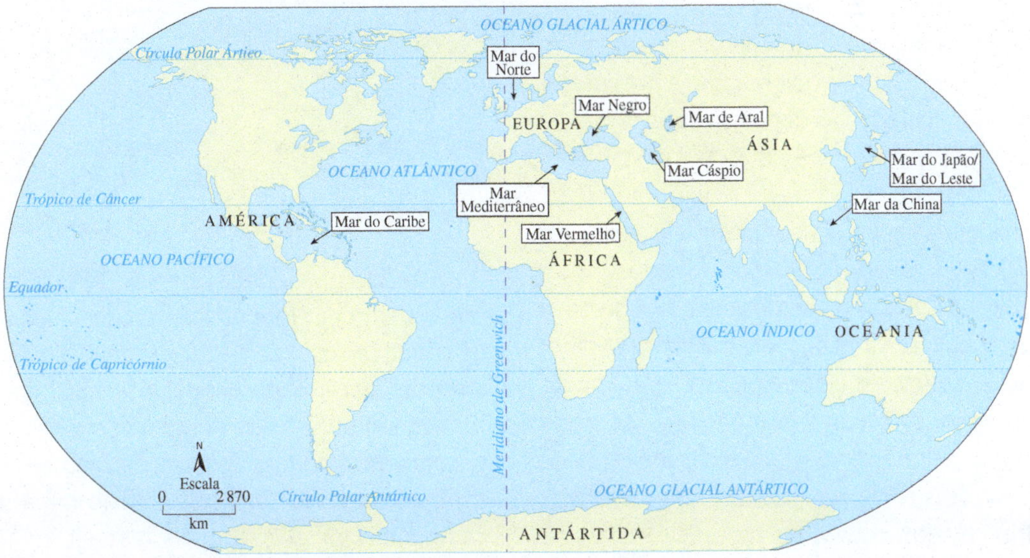

Fonte: BOLIGIAN, Levon; ALVES, Andressa. *Geografia: espaço e vivência* – ensino médio. São Paulo: Saraiva, 2013. p 110.

O oceano Ártico é cerca de vinte vezes menor que o Pacífico, que é o maior e mais profundo de todos os oceanos. O Atlântico é o segundo maior; embora tenha o mesmo comprimento do Pacífico, sua largura máxima, 7 mil quilômetros, é inferior à do Pacífico, que tem 20 mil quilômetros de extensão. O Índico é um pouco menor que o Atlântico, porém é muito mais profundo. O oceano Antártico equivale à área de encontro entre os oceanos Pacífico, Atlântico e Índico.

Além dos oceanos, há massas de água salgada denominadas mares. Embora seja comum usarmos os termos **mar** e **oceano** como sinônimos, tecnicamente eles não possuem o mesmo significado. Os mares são menores e podem ou não fazer parte de um oceano. Alguns dos mais famosos são o Mediterrâneo, o Vermelho, o do Caribe e o do Japão. Observe, no mapa da página anterior, a localização dos oceanos e mares existentes no planeta.

Ao que parece, há cerca de 200 milhões de anos, nosso planeta possuía apenas um oceano (Pantalassa) e um continente, a Pangeia. Ao longo do tempo, o continente sofreu separações, as quais deram origem aos continentes e oceanos atuais.

A água do mar tem sabor salgado em razão da quantidade de sais minerais dissolvidos nela. O principal deles é o cloreto de sódio, que nada mais é que o sal de cozinha.

Mas como substâncias chegam nesses compartimentos? Uma das explicações é que, graças à sua capacidade de dissolver substâncias, a água dissolve e carrega consigo muitos minerais ao passar pelas rochas. Como grande parte dessa água se acumula nos mares e oceanos, os minerais dissolvidos nela farão o mesmo. Contudo, existem outros processos mais complicados que também contribuem para manter esse sabor salgado dos mares e oceanos. Por serem muito complexos, não convém mencioná-los neste momento. Porém, vale a pena saber que as várias trocas entre oceanos, atmosfera, fundos marinhos, rios, rochas da superfície e magma resultam em um balanço estável do meio marinho. Em outras palavras: a composição da água do mar se mantém, em média, constante.

Existe uma medida que expressa a quantidade de sais dissolvidos em um líquido: a salinidade. Nos oceanos, a salinidade é, em média, de 35 partes por mil (35 ppm), o que significa que em cada mil medidas de água do mar 35 são de sal. Por exemplo, cada mil copos de água do mar contêm 35 copos de sal. Contudo, a salinidade pode variar entre 32 e 38 ppm, dependendo das condições locais. Nos lugares onde a evaporação é grande e não há entrada de água doce, a salinidade é maior, como no mar Mediterrâneo, que atinge 38 ppm. Por outro lado, em locais onde ocorre descarga de rios, como na foz do rio Amazonas, a salinidade da água do mar pode ser menor que 20 ppm.

Você sabia?

Os sais minerais e os seres vivos

Muitos animais marinhos utilizam alguns dos sais presentes na água do mar ou depositados no fundo do oceano. Os moluscos, como a ostra e o mexilhão, formam suas conchas a partir de material que retiram do ambiente. Peixes e outros organismos formam seus ossos a partir de minerais da água. A sílica – pedrinhas da areia que parecem vidro – está presente na formação das carapaças de algumas algas, as quais são utilizadas pelo ser humano na fabricação de creme dental e outros produtos.

Compartimento congelado

Quando a quantidade de neve que cai é maior que a derretida, formam-se grandes massas de gelo, que se acumulam sobre a superfície em determinado local, o que pode levar até 30 mil anos. Com o tempo, o peso do gelo comprime cada vez mais as camadas inferiores, deixando-as mais compactadas. Esse processo transforma a neve comprimida em gelo, formando as geleiras, e só pode ocorrer em locais nos quais predominam as temperaturas muito baixas, como nas regiões polares e cordilheiras, por exemplo.

O continente Antártico, localizado no polo Sul, abriga 90% do gelo do planeta, o que equivale a grande parte de toda a água doce. Essa característica faz com que essa área seja um dos principais reguladores, não só do clima terrestre, mas também do nível do mar. Além disso, seu manto de gelo é praticamente um registro permanente dos principais eventos ocorridos na atmosfera ao longo do tempo. O que significa que ali também ficaram registrados os resultados da ação humana sobre o ambiente.

Entre os inúmeros reservatórios de gelo espalhados pelo planeta, podemos destacar aqueles localizados na Groenlândia, no Ártico e na Patagônia.

Algumas geleiras estão bem próximas do oceano. Como às vezes elas se rompem, alguns blocos de gelo se desprendem e ficam flutuando no oceano: são os *icebergs*.

Sergey Nivens/Shutterstock

Iceberg, imenso bloco de gelo flutuante no oceano.

O tamanho de um *iceberg* pode variar. Alguns alcançam centenas de metros de altura e quilômetros de comprimento. Os menores costumam derreter em pouco tempo, mas os maiores podem permanecer nesse estado durante muitos anos. De qualquer forma, independentemente do tamanho, quase a totalidade de um *iceberg* se encontra debaixo da água.

Boa parte dos *icebergs* é formada na Groenlândia (ilha próxima ao polo Norte) e na Antártica (polo Sul). Deslocados por correntes marinhas, eles são encontrados apenas em regiões onde o clima é frio, já que em temperaturas altas derretem.

Geleiras e *icebergs* são as formas nas quais se encontra a maior parte da água doce de nosso planeta. Se todas as geleiras derretessem, o nível dos mares subiria muito nos continentes, inundando a maioria das cidades litorâneas, onde vive mais da metade da população da Terra.

Estocando no subsolo

Aproximadamente 30% da água doce do planeta se encontram abaixo da superfície da Terra. É uma quantidade bem considerável quando comparada a menos de 0,5% distribuído entre os rios, lagos e lagoas. Portanto, conhecê-la é muito importante para sabermos usá-la e protegê-la de maneira responsável. Normalmente, quando pensamos na água do subsolo, pensamos apenas na água que retiramos dos poços ou dos famosos aquíferos. Mas não são apenas esses tipos que existem abaixo da superfície terrestre.

Parte da água que se infiltra na terra fica no solo, mantendo sua umidade. Em um primeiro instante, podemos pensar que essa água não é importante. No entanto, ela é fundamental para a existência de praticamente toda a cobertura vegetal da Terra. Portanto, para quem conhece a cadeia alimentar, isso é motivo mais que suficiente para expressar sua importância.

O excedente de água infiltrada no solo vai para as camadas mais profundas onde encontra diversos tipos de sedimentos e de rochas. Esse assunto será tratado mais detalhadamente no próximo capítulo.

Água doce superficial

Além dos reservatórios subterrâneos, existe uma grande quantidade de água doce armazenada em rios, lagos e lagoas. São as **águas superficiais**.

Os maiores lagos do mundo encontram-se na América do Norte, na África e na Ásia. Localizado na América do Norte, o maior deles é o Superior, que ocupa uma área de 82 680 km² e cuja profundidade chega a 406 m.

A América do Sul possui poucos lagos; porém, seus rios têm mais água que os presentes nos continentes do hemisfério Norte.

É a partir da nascente dos rios que as águas subterrâneas atingem a superfície do solo. No entanto, não só as nascentes são responsáveis pelo abastecimento dos rios, mas as chuvas também cumprem esse papel.

Em períodos de chuva, há um acúmulo maior de água no leito dos rios; no período das secas, ocorre o contrário. Essa variação no volume das águas de um rio denomina-se **regime**.

Ramificados, os rios começam como pequenos cursos de água, que se juntam até formarem o leito principal. Esses cursos de água (regato, riacho, ribeirão) constituem os afluentes de um rio.

O conjunto de terras onde se localizam as inúmeras ramificações ou os afluentes dos rios forma uma bacia hidrográfica, que recebe o nome do rio principal. As principais bacias hidrográficas brasileiras são a Amazônica, a do São Francisco, a do Tocantins-Araguaia, a do Prata e a do Atlântico Sul. Veja o mapa abaixo.

Principais bacias hidrográficas do Brasil

Fonte: BOCHICCHIO. Vincenzo R. *Atlas Mundo Atual*. 2. ed. revista e atualizada. São Paulo: Atual, 2009. p. 104.

O Brasil possui uma das maiores redes hidrográficas do mundo, com rios de grande extensão, largura e profundidade. Como vários deles são navegáveis, o transporte hidroviário passou a ser utilizado em maior escala na década de 1990.

Outros reservatórios

Os cientistas vasculham os mais variados ambientes do planeta em busca de novas fontes de água. Entre as descobertas mais recentes encontram-se os lagos submersos por quase 4 quilômetros de espessura de gelo na Antártica. Há mais de sessenta lagos sob o gelo antártico, isolados há milhares de anos. Os cientistas ainda não sabem direito o que existe nesses lagos nem como eles se formaram. Alguns defendem, porém, que essas águas se mantêm no estado líquido por causa do calor proveniente do interior da Terra.

Esses depósitos de água não despertam interesse apenas por serem fonte de água capaz de satisfazer nossas necessidades. Muitos cientistas defendem que o estudo dessas águas isoladas pode responder a muitas perguntas sobre o nosso passado.

Um dos maiores lagos subterrâneos do mundo é o Vostok, assim chamado por estar sob a estação de pesquisas da Federação Russa. Descoberto em 1996, ele tem cerca de 240 km de comprimento, 60 km de largura e 500 m de profundidade. Para se ter uma ideia desse comprimento, basta lembrar de uma cidade que esteja a 240 km daquela em que você mora.

Você sabia?

Regimes de rio

Se a água que abastece um rio vem exclusivamente das chuvas, afirma-se que o rio tem regime **pluvial**.

Em locais onde o clima é mais frio, alguns rios têm regime **nival**, ou seja, recebem sua água do derretimento da neve. Outros recebem água do derretimento de geleiras, por isso seu regime é chamado **glacial**.

Muitos rios apresentam um regime misto ou complexo, como os do Japão, que são alimentados pela chuva e pelo derretimento da neve das montanhas.

Localização do lago Vostok

Fonte: BOCHICCHIO, Vincenzo R. *Atlas Mundo Atual*. São Paulo: Atual, 2003.

Você sabia?

Lago Vostok

O lago Vostok é o maior lago subglacial do mundo, ou seja, é um lago que se encontra sob uma geleira. Ele está localizado a quase 4 quilômetros abaixo do manto de gelo da Antártida, abaixo de uma estação russa de mesmo nome. O lago tem uma forma elíptica com 250 quilômetros de comprimento e 50 quilômetros de largura. Estima-se que o lago Vostok tenha um volume de água doce equivalente a 5400 quilômetros cúbicos. Isso equivale a três vezes o volume do lago Ontário, um dos cinco grandes lagos americanos. Os cientistas acreditam que a água é mantida líquida pelo calor de uma fonte geotermal abaixo do lago e pela pressão 400 vezes superior à da superfície no nível do mar.

O lago Vostok não é o único sob o cobertor frígido da Antártida. Imagens feitas por radar mostram que há mais 60 ou 80 cavidades líquidas no continente. Apesar de serem bem menores, também podem abrigar seres minúsculos.

O lago Vostok é considerado uma das últimas fronteiras da ciência na Terra. Pesquisadores russos estão muito próximos de chegar à superfície do lago Vostok, o maior corpo de água subglacial do mundo. Os russos tentam chegar ao subterrâneo da Antártida desde o fim da década de 1950. Os dados coletados podem revelar segredos sobre o clima da Antártida e do planeta há milhões de anos e alterar completamente a visão que os cientistas têm do continente pelo menos há cinco milhões de anos. Existem cerca de 170 lagos parecidos com o Vostok debaixo do polo Sul, mas nenhum tão grande quanto ele. Outras duas expedições, uma inglesa e a outra americana, buscam chegar à superfície de outros dois lagos: Whillans e Ellsworth. Os cientistas acreditam que os lagos do polo Sul podem estar interligados por uma rede de drenagem formando uma área que pode chegar a 10 milhões de quilômetros quadrados, superior à da Bacia Amazônica.

A camada de gelo sobre esse lago tem uma espessura de quase 4 quilômetros. No entanto, foi constatada a presença de micróbios em amostras de gelo retiradas quilômetros abaixo da estação russa Vostok. Recentemente, têm sido obtidas amostras diretas do lago Vostok, mas os resultados ainda não foram totalmente conclusivos sobre a presença de formas de vida na água do lago. As pesquisas devem ser cercadas do maior cuidado para não levarem contaminadores para o lago nem correrem o risco de tirar de lá algum organismo para o qual os seres humanos ainda não têm defesa.

Transitando entre os reservatórios

Ciclo da água

As mudanças de estado físico da água acontecem a todo instante na natureza. Constituem o **ciclo da água** ou **ciclo hidrológico**. É devido a esse ciclo que a água de hoje é a mesma do tempo dos dinossauros.

Uma forma de entender os mecanismos que compõem esse ciclo é imaginar o trajeto da água na natureza.

Na ilustração a seguir, podemos observar uma possível representação do ciclo da água.

Vamos tomar como ponto de partida o mar. O calor do sol esquenta a superfície do oceano, fazendo a água evaporar.

O vapor de água sobe então para a atmosfera, onde a temperatura é mais baixa. Nesse momento, parte do vapor transforma-se em minúsculas gotas de água e forma as nuvens. Quando a temperatura abaixa ainda mais na atmosfera, o restante do vapor contido nas nuvens se condensa, e mais líquido se forma, deixando as nuvens carregadas de muitas gotículas de água, que vão se juntando até ocorrer a precipitação.

Ao chegar ao solo, uma parte da precipitação se aquece ao entrar em contato com a superfície e já se evapora. Outra parte escorre para os rios, lagos e oceanos. Uma terceira porção se infiltra no solo, onde pode ser absorvida pelas raízes das plantas, ou pode ficar acumulada no solo, ou ir para o subsolo, como água subterrânea. Novas nuvens são formadas pela água que evapora dos rios, lagos, oceanos, solo e dos seres vivos, principalmente a partir da transpiração das plantas. E, assim, reinicia-se o ciclo.

Sem o calor do sol e a força da gravidade, o ciclo da água não poderia existir. O calor do sol faz a água evaporar e subir até formar as nuvens na atmosfera. A gravidade traz a água de volta para o solo. Portanto, podemos afirmar que o sol e a gravidade são os motores desse ciclo.

Comentamos que, quando a água evapora, ela não carrega consigo sais minerais ou outras substâncias. Por essa razão, sem considerar a interferência do ser humano, o ciclo da água constitui uma forma de limpar a água do planeta. Mesmo a mais poluída pode se tornar pura – dependendo da qualidade do ar – depois de evaporar e se precipitar sob a forma de chuva. A água salgada também se transforma pelo mesmo processo: ela evapora sem o sal e cai nos rios, lagos e outros reservatórios, reabastecendo essas reservas.

De certa forma, o ciclo da água também é responsável pelo clima da Terra, graças ao fato de originar as precipitações, que além de influir no clima, podem modelar a crosta terrestre. Você já ouviu o ditado "água mole em pedra dura tanto bate até que fura"? De fato, a água, não só da chuva, pode causar grandes mudanças na paisagem, tanto que é considerada esculpidora do relevo.

O ciclo hidrológico também proporciona o deslocamento de água de um local para outro. Por exemplo, a água que evapora no Brasil pode ser levada pelos ventos e cair como chuva em outro país. O deslocamento também pode ocorrer do alto-mar para o continente ou de florestas para o mar. As possibilidades são infinitas.

Mesmo reconhecendo a importância do ciclo da água, o ser humano interfere bastante no seu curso natural, o que gera certas consequências para o meio ambiente e, evidentemente, para a própria espécie humana.

O ciclo da água

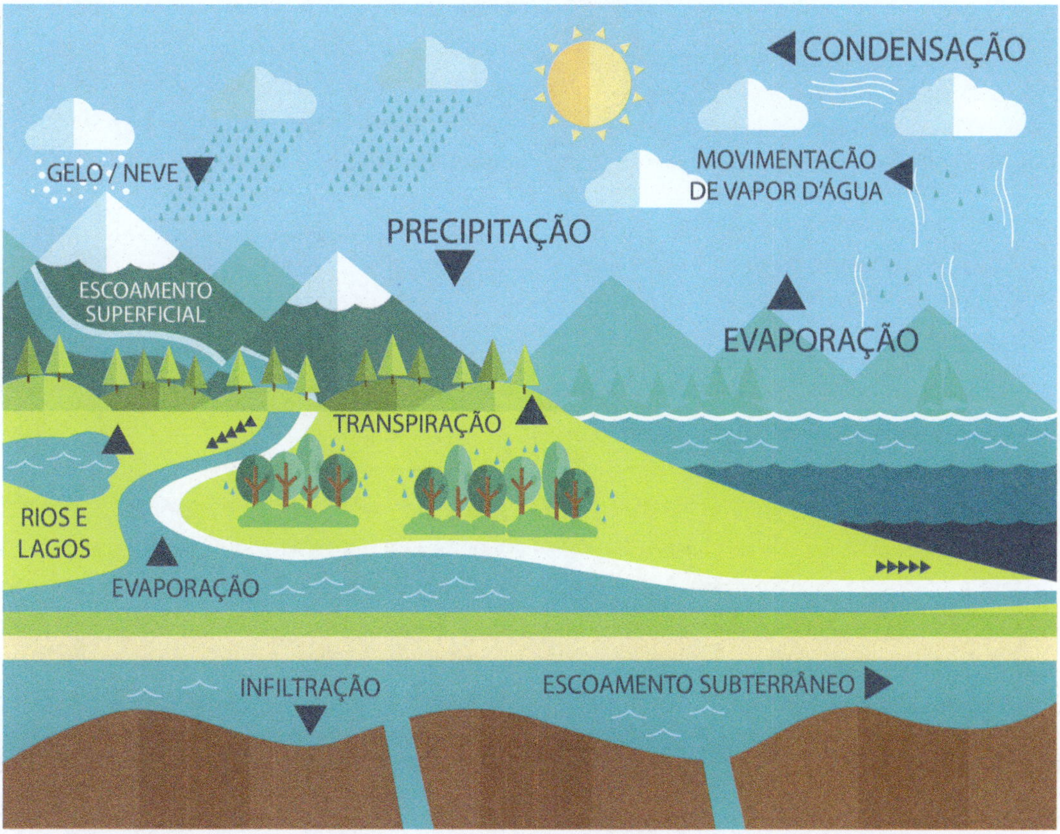

Fonte: WWF-Brasil

Sophia Colombini

A Pedra Furada, uma das maiores atrações da vila de Jericoacoara, é uma rocha de cerca de cinco metros de altura com um grande buraco esculpido pela ação da natureza. No mês de julho, é possível assistir ao sol se pondo "dentro" do buraco da pedra.

A água em transformação

Em geral, quando pensamos em água, vêm à nossa mente imagens de rios, mares, chuva, torneira, filtro etc. É comum nos esquecermos de que a neve, o gelo, a nuvem, o vapor e a chuva de granizo também são água. Nesses casos, a água se encontra na forma sólida ou de vapor. Essas diferentes formas – sólida, líquida, gasosa – são chamadas **estados físicos**.

Em nosso planeta, a água pode apresentar-se nos estados líquido, sólido e gasoso. A água subterrânea ou de oceanos, mares, rios, chuva e orvalho encontra-se no estado líquido; a água da neve, do granizo e do gelo encontra-se no estado sólido; a água presente no ar e que não enxergamos está sob a forma gasosa (ou de vapor).

A existência desses diversos estados físicos da água em nosso planeta tem relação com a distância entre a Terra e o Sol. Se, em vez de estar a 150 milhões de quilômetros de distância do Sol, a Terra estivesse (como Vênus) a 105 milhões de quilômetros dessa estrela, a água em nosso planeta teria evaporado. Foi isso o que ocorreu em Vênus. Se, inversamente, estivéssemos ainda mais longe do Sol, a água viraria gelo, como acontece em Plutão. A distância que estamos do Sol permite que a temperatura do nosso planeta varie, de forma que a água possa existir nos três estados físicos.

A água pode facilmente mudar de estado conforme seja aquecida ou resfriada. Por exemplo, repare como um cubo de gelo derrete quando o tiramos da geladeira. Coloque um pedaço de gelo num copo sobre a mesa e observe o que acontece depois de algum tempo. Ele se transforma em líquido. Apenas por ter ficado em contato com o ar do ambiente, cuja temperatura é mais alta que a da geladeira, o sólido transformou-se em líquido. A passagem de uma substância do estado sólido para o estado líquido é um fenômeno chamado **fusão**.

O inverso também pode ocorrer, isto é, se colocarmos uma vasilha com água no congelador, algum tempo depois a água estará transformada em gelo. Trata-se do fenômeno da **solidificação**, que é a mudança do estado líquido para o sólido.

Por outro lado, ao aquecermos a água líquida, há um momento em que ela se transforma em vapor. Esse fenômeno, a **evaporação**, constitui a passagem do estado líquido para o estado gasoso, e também pode ocorrer aos poucos, como acontece com roupas secando ao sol.

Durante a evaporação, a água se separa de qualquer substância que estiver dissolvida nela, como sais minerais, por exemplo. O ser humano usa essa propriedade para obter a água destilada.

O vapor, por sua vez, também pode virar líquido ao ser resfriado. Isso ocorre, por exemplo, ao colocarmos gelo em um copo de vidro. Observe que a superfície externa do copo fica toda molhada. Isso acontece porque o ar contém vapor de água e, quando esse vapor entra em contato com a superfície fria do copo, ele se resfria e se transforma em líquido. A passagem do estado gasoso para o estado líquido se chama **condensação**.

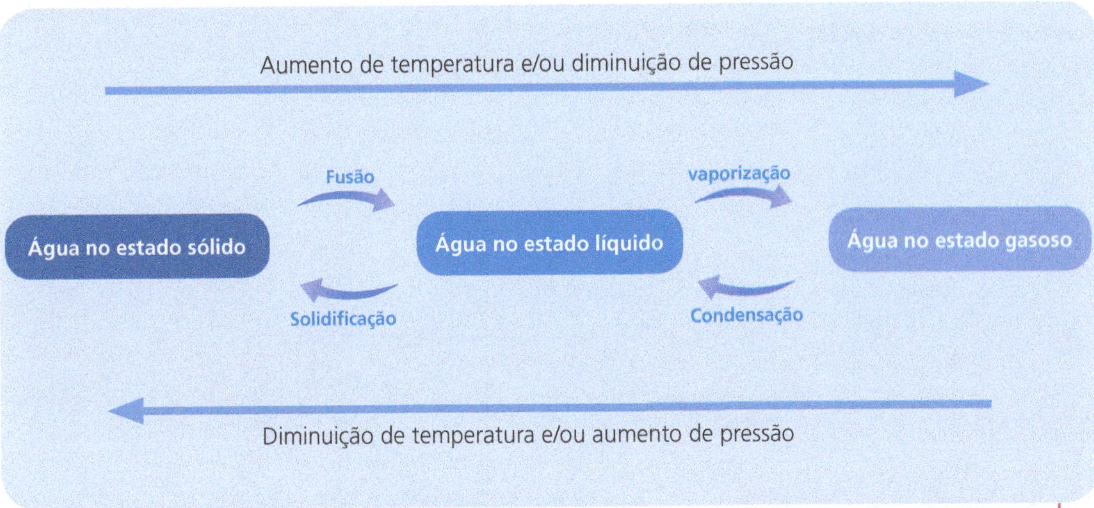

A água presente no ambiente pode ser encontrada na forma sólida, como nos *icebergs* e nas geleiras; na forma líquida, como em uma queda-d'água; ou na forma gasosa, na forma de vapor-d'água, presente na atmosfera.

Atividade 1

A transpiração das plantas

É possível comprovar que as plantas transpiram por meio de uma experiência simples. Cubra algumas folhas de um galho de planta com um saco plástico transparente e deixe-as ali dentro durante 24 horas. Observe o aparecimento de água no interior do saco. Depois desse período, retire o saco cuidadosamente e colete a água encontrada nele. Meça o volume dela. A partir dessa base, podemos estimar quanta água essa planta inteira perde em um dia. Imagine então uma grande floresta com milhares de árvores.

Um dos principais motivos de chover tanto na região amazônica é a transpiração da mata, que devolve muito vapor de água para a atmosfera. Em regiões onde ocorrem grandes desmatamentos, o ciclo hidrológico é alterado. Há casos em que grandes florestas dão lugar a desertos, em razão do desmatamento.

mihalec/Shutterstock

Veja um pouco mais sobre a **transpiração das plantas** em: <http://objetoseducacionais2.mec.gov.br/bitstream/handle/mec/5958/estomatos_port.swf?>. Acesso em: 25 set. 2015.

Você sabia?

A precipitação

A precipitação é toda água que vem da atmosfera e que atinge a superfície terrestre. As precipitações acontecem devido ao ar úmido das camadas baixas da atmosfera ser aquecido por condução, tornando-o mais leve que o ar das vizinhanças, provocando uma ascensão adiabática. O vapor de água contido na atmosfera condensa, formando minúsculas gotas de água que crescem de tamanho e peso precipitando-se sobre a superfície terrestre nos seus diversos estados físicos (sólido, líquido e gasoso). A precipitação pode apresentar-se de diversas formas: chuva, granizo, neve, orvalho, neblina, chuvisco, garoa e geada.

- **Chuva** – precipitação em forma líquida, com gotas de diâmetros superiores a 0,5 mm, que caem no solo rapidamente. A chuva formada por gotículas uniformes muito finas, cujos diâmetros são inferiores a 0,5 milímetros e de baixa intensidade é conhecida como garoa ou chuvisco.

Thinkstock/Getty Images

Thinkstock/Getty Images

- **Granizo** – precipitação em forma de pedras de gelo, redondas ou irregulares, que atingem até 5 mm. Tal precipitação pode ocorrer durante tempestades, normalmente no final da primavera ou do verão, pelo congelamento da gota d'água ao atravessar camadas atmosféricas mais frias ou pela recirculação de cristais de gelo no interior das nuvens.

- **Neve** – quando a condensação do vapor d'água ocorre em temperaturas muito baixas (sublimação), formam-se cristais de gelo que durante a queda aglutinam-se e se precipitam em forma de flocos de dimensões variáveis.

Thinkstock/Getty Images

NATALIA61/Shutterstock

- **Orvalho** – condensação do vapor da água da atmosfera que se deposita em gotículas sobre superfícies horizontais e resfriadas durante a noite (terra, telhados, folhagens etc.).

- **Neblina** – neblina é uma nuvem ao nível do solo, com gotículas uniformes muito finas, de diâmetro médio em torno de 0,02 milímetros, conhecida também como cerração.

Trybex/Shutterstock

Thinkstock/Getty Images

- **Geada** – deposição de uma finíssima camada de cristais de gelo, decorrente de processo de irradiação térmica, ocorrendo em temperaturas inferiores a 0 °C.

ÁGUA PARA CONSUMO E USO HUMANO

4

Wollertz/Shutterstock

A MAIOR PARTE DA ÁGUA QUE CAI EM FORMA DE CHUVA ACUMULA-SE NOS CHAMADOS RESERVATÓRIOS. O MAIOR DE TODOS ELES É O DOS OCEANOS, QUE CONTÉM 97% DE TODA A ÁGUA DO PLANETA (ÁGUA SALGADA). OS 3% RESTANTES FORMAM OS RESERVATÓRIOS DE ÁGUA DOCE: CALOTAS POLARES E GELEIRAS, ÁGUAS SUBTERRÂNEAS, ATMOSFERA, RIOS E LAGOS. GRANDE PARTE DESSA ÁGUA DOCE, 2/3 APROXIMADAMENTE, ENCONTRA-SE NO ESTADO SÓLIDO; PORTANTO, É DE DIFÍCIL ACESSO PARA O SER HUMANO.

Para entender melhor o significado dessa informação, basta imaginar uma situação em que toda a água do planeta fosse representada por um recipiente de 1 litro cheio de água – como aquele das embalagens de leite ou de suco, por exemplo –; desse 1 litro, apenas algumas gotas corresponderiam à quantidade de água disponível em reservas de água doce pronta para nosso consumo mais imediato.

A distribuição dessas reservas de água doce pronta para o uso aliada ao volume de precipitação é o que determina se uma região apresenta escassez de água ou não.

A água doce no mundo

Apesar de essa quantidade de água pronta para o uso parecer reduzida, ela seria suficiente para abastecer toda a população humana se esse recurso fosse distribuído de maneira uniforme. Infelizmente, as reservas hídricas variam muito entre os continentes e os países. Existem lugares que dispõem de água em excesso, enquanto outros precisam desesperadamente dela, mas não têm como obtê-la.

Distribuição de água doce no planeta

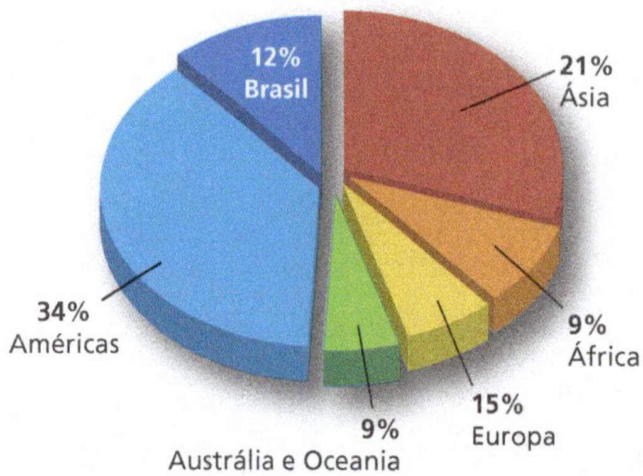

Baseado em: DAE – Departamento de Água e Esgoto de São Caetano do Sul. Disponível em: <www1.daescs.sp.gov.br>. Acesso em: 8 set. 2015.

A presença dessa substância nas várias regiões do planeta depende de diversos fatores, e o clima é um dos mais importantes. As regiões tropicais úmidas e as zonas temperadas concentram a maior parte da água.

Quase 25%, ou seja, quase um quarto da água doce do mundo está concentrada na América Latina, onde habita menos de 10% da população total do planeta. Em contrapartida, a África, onde vivem quase 15% da população mundial, só conta com 10% das reservas hídricas.

Podemos afirmar que o Brasil é favorecido no que diz respeito à quantidade de água. O Brasil detém 77% do manancial de água doce da América do Sul e 11,6% da reserva do mundo. Esses números mostram que o Brasil é um país privilegiado no que diz respeito à quantidade de água, porém sua distribuição não é uniforme em todo o território nacional, pois 70% desse total estão localizados na região Amazônica, onde a população é de apenas 7%. Os 30% restantes distribuem-se desigualmente pelo país, para atender 93% da população brasileira.

Países onde os problemas com recursos hídricos já chegam a níveis críticos: Egito, África do Sul, Síria, Jordânia, Israel, Líbano, Haiti, Turquia, Paquistão, Iraque e Índia.

Distribuição de água doce superficial no Brasil

Apesar de as reservas hídricas brasileiras serem abundantes, sua distribuição é desigual, isto é, enquanto algumas regiões têm fartura, outras têm carência. A maior parte (70%) da água superficial está concentrada na região Norte; em segundo lugar, classifica-se a região Centro-Oeste (com 15%); depois, vêm as regiões Sul e Sudeste (contêm juntas 12%); e, por último, a região Nordeste (apenas 3% das águas do território brasileiro).

O rio Amazonas, localizado no norte do território brasileiro, é o rio que tem o maior volume de água do mundo, característica que o torna tão famoso. Mas toda essa fartura hídrica está em uma das regiões menos habitadas do Brasil. Ou seja, em termos práticos, ter muita água não significa abundância para toda a população brasileira. Nas regiões Sudeste e Sul, cidades extremamente populosas, como São Paulo, Rio de Janeiro e Porto Alegre têm recursos hídricos limitados, que ainda variam de volume nas diferentes estações do ano. Nos períodos de seca, é comum essas e outras cidades dessas regiões precisarem racionar o uso de água.

Fabio Colombini

Homem carregando água junto a plantação de cactus palma. Microrregião da Borborema Potiguar. Campo Redondo, RN, 2014.

Na região Nordeste, o problema é ainda maior, pois além de os recursos serem escassos, as épocas de seca chegam a durar muitos anos seguidos. A situação é tão grave que muitas famílias são obrigadas a abandonar suas terras e migrar para as grandes capitais. Contraditoriamente, nessa região, localiza-se um dos maiores rios do Brasil, o São Francisco. A distribuição das águas desse rio, porém, não é uniforme: como ele passa apenas por quatro dos nove estados nordestinos, só o São Francisco não é suficiente para abastecer toda a área. Além disso, a escassez das chuvas e a temperatura elevada durante todo o ano prejudicam o abastecimento de água na região.

Distribuição dos recursos hídricos no Brasil

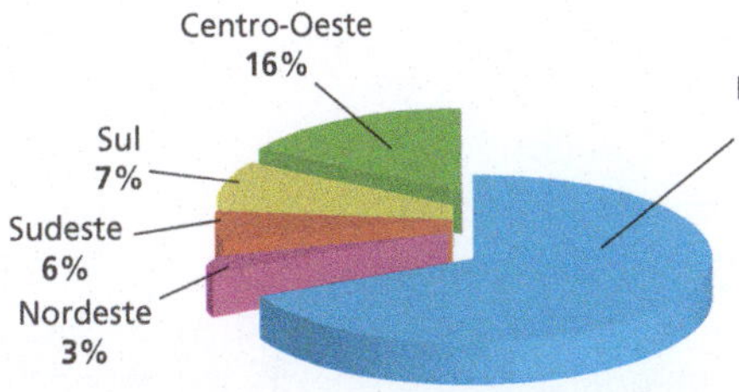

Baseado em: DAE - Departamento de Água e Esgoto de São Caetano do Sul. Disponível em: <www1.daescs.sp.gov.br>. Acesso em: 19 ago. 2015.

Águas subterrâneas

Parte da chuva que se infiltra no solo e se acumula no subsolo é chamada de água subterrânea e, em casos especiais, pode ser denominada AQUÍFERO. Toda essa reserva hídrica é extremamente importante; primeiramente, por desempenhar papel essencial na conservação da umidade do solo e na conservação do fluxo dos rios, lagos e pântanos. Além disso, é um tipo importante de reserva de água, ainda que possa estar armazenada até nos minúsculos poros e fissuras das rochas.

Enquanto os depósitos de águas superficiais representam aproximadamente 0,4% da água doce do planeta, os reservatórios de águas subterrâneas armazenam quase 30% desse total. Além de ser abundante, em geral essa água é de boa qualidade, passando por uma espécie de filtro natural por conter várias camadas de solo, pedras, pedregulhos e rochas, que retêm muitas impurezas e partículas sólidas. A princípio, essa água também é mais protegida da poluição e contaminação quando comparada às águas superficiais. Assim, em tese, as águas subterrâneas não precisam de tratamento, o que, além de ser uma grande vantagem econômica, é melhor para a saúde. Outro aparente ponto positivo é que essa água pode ser obtida na própria região onde é consumida, o que a torna relativamente mais barata por facilitar sua distribuição. Porém, não são todos os lugares do mundo que apresentam reservas subterrâneas adequadas para o consumo humano e que têm todas essas vantagens ao mesmo tempo.

A possibilidade de exploração desse recurso hídrico depende de uma série de fatores. Um deles é a qualidade da água –, influenciada pela composição das rochas –, que pode ou não ser própria para o consumo humano. Outro fator é a profundidade do depósito, que terá um reflexo direto no custo de exploração desse recurso.

AQUÍFERO é um reservatório subterrâneo de água, caracterizado por camadas ou formações geológicas suficientemente permeáveis, capazes de armazenar e transmitir água em quantidades que possam ser aproveitadas como fonte de abastecimento para diferentes usos.

Os aquíferos podem ser classificados quanto ao tipo de porosidade da rocha armazenadora em **granular**, **fissural** e **cárstico**.

As rochas sedimentares (arenitos, siltitos etc.) e os sedimentos não consolidados (areias, cascalhos etc.) são constituídos de grãos minerais. Como a porosidade está intimamente ligada ao tipo de rocha, o aquífero é, muitas vezes, denominado aquífero sedimentar.

Mesmo assim, o aproveitamento dessas águas do subsolo é bem antigo e tem sido cada vez mais realizado, devido ao aprimoramento das técnicas não só de construção de poços, mas também de bombeamento. Esses fatores permitem a extração em volumes e profundidades cada vez maiores, possibilitando o suprimento de água para todos os setores: doméstico, industrial e agrícola.

Grande parte dos países do mundo, desenvolvidos ou não, utiliza água subterrânea para suprir suas necessidades. Países como Alemanha, Áustria, Bélgica, Dinamarca, França, Holanda, Hungria, Itália, Marrocos, Rússia e Suíça atendem mais da metade da demanda para o abastecimento público com águas subterrâneas.

Algumas regiões do planeta, carentes em águas superficiais, como o deserto do Saara, a Austrália e algumas ilhas, têm como única fonte para uso humano a água subterrânea.

No Brasil, a captação de água do subsolo para abastecimento das populações é realizada desde os tempos coloniais e continua a ser importante. Só para termos uma ideia, oito estados brasileiros encontram-se sobre um dos maiores reservatórios de água doce subterrânea do mundo, o Aquífero Guarani. Esses estados são: Rio Grande do Sul, Santa Catarina, Paraná, São Paulo, Minas Gerais, Mato Grosso do Sul, Mato Grosso e Goiás. Além do Brasil, esse aquífero atinge a Argentina, o Paraguai e o Uruguai.

Grandes cidades brasileiras já são abastecidas, total ou parcialmente, por águas subterrâneas, principalmente nos estados de São Paulo, Paraná e Rio Grande do Sul. Infelizmente, algumas cidades grandes, como o Rio de Janeiro, possuem aquíferos pobres, insuficientes para abastecer toda a população, ainda que ajudem a complementar o abastecimento. É o caso de muitas indústrias que só usam água subterrânea.

Na região metropolitana de São Paulo, a falta de água dos últimos anos aumentou em 30% a demanda pela perfuração de poços e, atualmente, 95% das indústrias contam com o apoio de depósitos subterrâneos.

Outros centros urbanos brasileiros são abastecidos por água subterrânea de forma exclusiva ou complementar. Nesses casos, não apenas indústrias são abastecidas por esse recurso, mas também escolas, hospitais e outros estabelecimentos.

Nas duas últimas décadas houve um grande crescimento do uso desse recurso no Brasil, embora ele ainda não se compare com a utilização feita por países europeus e pelos Estados Unidos.

No Nordeste brasileiro existe uma área onde predomina um subsolo adequado à presença de água abundante e de boa qualidade, que pode ser alcançada por meio de poços profundos. Essa área cobre menos da metade da região, porém atinge todos os estados do Nordeste sob a forma de manchas. Na Bahia, cerca da metade das cidades depende de águas subterrâneas, enquanto no Maranhão e no Piauí esse percentual chega a 70% e 80%, respectivamente. No restante da região, onde o subsolo tem outra formação, a situação é muito diferente: as águas subterrâneas são escassas e nem sempre de boa qualidade.

Água potável

Mesmo encontrando uma fonte de água para saciar a sede, cuidar da higiene, preparar alimentos e limpar a casa – seja essa fonte um rio, um reservatório ou um poço –, isso não garante sua qualidade. Por ter grande capacidade de dissolver substâncias, a água provavelmente contém algumas substâncias dissolvidas nela. Chamamos de água potável aquela própria para beber, por não apresentar risco à saúde. Entretanto, muitas vezes, a água que parece limpa pode estar contaminada por organismos que não conseguimos ver, mas que transmitem doenças, algumas muito perigosas, e essas doenças são a principal causa de mortalidade no mundo.

Uso da água no Brasil

Em rios e lagos não poluídos, a água doce ali encontrada possui em sua composição alguns minerais, mas não em quantidade que prejudique a saúde. A quantidade de substâncias presente na água doce é ideal para o consumo humano.

Embora apresente minerais dissolvidos, essa água não é chamada de mineral, pois só denominamos assim a água que vem do subsolo (água subterrânea) e que obtemos de poços ou de fontes que brotam naturalmente da terra. Esses minerais são retirados das rochas quando a água

Água potável?

A água que chega na torneira das casas nem sempre está 100% pura. É importante, então, que se usem filtros para evitar contaminações e eliminar até o gosto de cloro. Confira os principais modelos de filtros de água e suas funções.

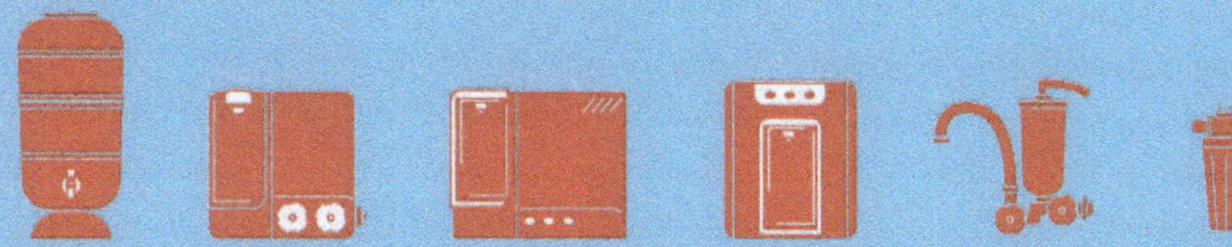

Tipo de filtro	Barro	Carvão ativado	Membrana	Ultravioleta	Filtro de água para torneira	Filtro de água para ponto de entrada
Como funciona	O elemento filtrante é de cerâmica porosa, que retém as impurezas.	O carvão ativado, além de filtrar impurezas, absorve o cloro, diminuindo o gosto e o odor da substância na água.	Refém impurezas sólidas, absorve o cloro e as substâncias químicas e orgânicas e elimina bactérias com sistema de membranas de fibra oca sobrepostas.	Além do processo de filtragem com carvão ativado, a água é exposta à luz ultravioleta, que pode eliminar bactérias (coliformes totais e fecais).	Usa o mesmo processo do filtro de carvão ativado.	Retém sedimentos como lodo, limo, grãos de areia e resíduos do encanamento.
Onde é instalado	Em qualquer local.	Junto à saída de água.	Junto à saída de água.	Junto à saída de água.	Torneira.	No ponto de entrada de água, antes de chegar à caixa-d'água.
Manutenção	Limpeza frequente. Troca a cada 5 anos	Troca de refil do filtro a cada dois anos.	Troca de refil do filtro a cada dois anos.	Troca de refil do filtro a cada dois anos.	Troca de refil do filtro a cada dois anos.	Troca de refil do filtro a cada dois anos.

Fonte: **Em busca da água potável perdida**. Disponível em: <www.imtep.com.br/site/em-busca-da-agua-potavel-perdida/>. Acesso em: 25 set. 2015.

se infiltra através do solo e atinge grandes profundidades. Assim, sua composição é diferente da água que vem de rios e lagos.

A água de determinados locais é classificada como medicinal porque contém minerais capazes de auxiliar no tratamento de algum tipo de doença. No Brasil, algumas cidades são consideradas estâncias hidrominerais porque têm muitas fontes de águas minerais, como Lindoia, Serra Negra, Águas de São Pedro, Águas da Prata, em São Paulo; Caxambu, São Lourenço, Lambari e Poços de Caldas, em Minas Gerais; Cajazeiras, na Paraíba; Caldas do Jorro, na Bahia; Caldas Novas, em Goiás.

Hoje em dia é muito comum a venda de água mineral em quase todas as regiões do Brasil. Retirada das fontes minerais ou olhos-d'água (nascentes de água no solo), a água é vendida em garrafas ou garrafões.

Contudo, se a quantidade de substâncias dissolvidas na água for muito grande, como no mar, ela se torna imprópria para beber. Existe ainda a água salobra, um tipo intermediário de água, cuja quantidade de sais dissolvidos, embora seja bem menor que a da água do mar, torna seu consumo inapropriado para o ser humano. Por isso, não é considerada potável. Um exemplo desse tipo de água é aquela proveniente de poço e que faz pouca espuma quando usada com sabão.

Purificando a água

Conforme apontado anteriormente, a maior parte da água encontrada na natureza não é potável, pois contém uma série de partículas dissolvidas nela, além de abrigar organismos prejudicais à saúde. Para que se torne utilizável, deve ser tratada.

Alguns métodos de tratamento da água são bem simples e podem ser empregados em casa. Por exemplo, para retirar apenas as partículas sólidas suspensas na água, há dois métodos fáceis. Um é a **decantação**. Utilizada desde os tempos mais remotos, essa técnica consiste em simplesmente manter a água em repouso para que as partículas em suspensão se depositem no fundo de um recipiente. No Egito Antigo essa prática já era conhecida: os egípcios colocavam a água dentro de potes de barro para decantar por vários dias.

Outro método caseiro de tratamento é a **filtração**, conhecido por muitos de nós. Consiste em fazer a água passar por filtros, que retêm as partículas em suspensão. Existem filtros de diversos modelos, que retiram as impurezas da água e podem ser utilizados em casa diariamente. O mais simples deles é o de barro. É bem provável que você tenha algum tipo de filtro em sua casa.

Para remover microrganismos da água, a forma mais simples é a **fervura**. Para que esse processo seja eficiente, a água precisa ser fervida de 10 a 15 minutos. Depois, é só deixá-la esfriar e agitá-la que já estará pronta para ser bebida. Outra maneira de desinfetar a água é adicionar a ela certas **substâncias químicas** (geralmente cloro) em quantidades muito pequenas. Esse tipo de tratamento é mais complicado e requer mais cuidado, pois é necessário usar a quantidade exata do produto para matar apenas os microrganismos e nada mais. Utilizamos o cloro também para deixar a água da piscina própria para o banho, ou seja, livre de organismos indesejáveis e prejudiciais à saúde.

Para abastecer as cidades e outros povoados, fica difícil aplicar esses métodos citados. Para isso, é preciso um tratamento mais eficiente para atendê-los. São as **estações de tratamento**.

No geral, o tratamento da água passa por etapas muito parecidas, podendo diferir um pouco de região para região. No Brasil, o processo inicia-se com a retirada de água dos rios e das represas por bombeamento. Essa água é conduzida por meio de canos até a estação de tratamento. O volume captado de água a ser tratada é mantido dentro de tanques, onde recebe duas substâncias: cal e sulfato de alumínio, que fazem a sujeira descer para o fundo do tanque. Desse modo, a água sofre o processo de decantação. Depois, o líquido passa por grandes filtros de cascalho, que são pequenas lascas de rocha, e por filtros de areia. A seguir, a água é misturada a produtos químicos, como o cloro, que matam os micróbios. Pode também receber flúor, que protege os dentes.

Saindo das estações de tratamento, a água é recolhida em grandes reservatórios e, em seguida, canalizada e distribuída para os bairros, chegando até as casas onde será utilizada. Nas residências, a água começa seu caminho no hidrômetro (aparelho que mede o volume de água consumida), entra na caixa-d'água e passa pelos canos e registros até chegar à pia, ao chuveiro, ao vaso sanitário etc.

Infelizmente, muitos lugares não têm água suficiente para o consumo básico da população. Nesses casos, é comum que se usem carros-pipa para transportar a água dos reservatórios até as moradias. Há ainda lugares em que se veem mulheres e crianças transportando água em latas equilibradas sobre a cabeça.

Você sabia?

Acesso à água potável

Não é a população de todas as localidades que tem acesso à água tratada. Segundo a Organização Mundial de Saúde (OMS) e o Fundo das Nações Unidas para a Infância (Unicef), até o fim de 2010, apenas 89% da população mundial usavam fontes de água potável. Isso significa que 11% da população mundial, ou seja, mais de 700 milhões de pessoas ainda não tinham acesso à água segura. No Brasil, por volta de 90% da população dispõem de água potável. Mas alguns países, como a maior parte dos países que ocupam o continente africano, apresentam um nível muito abaixo da média.

Veja mais em: **Água: uma questão para o mundo todo.** Disponível em: <www.rumosgeograficos.com/2014/03/agua-uma-questao-para-o-mundo-todo.html>. Acesso em: 25 set. 2015.

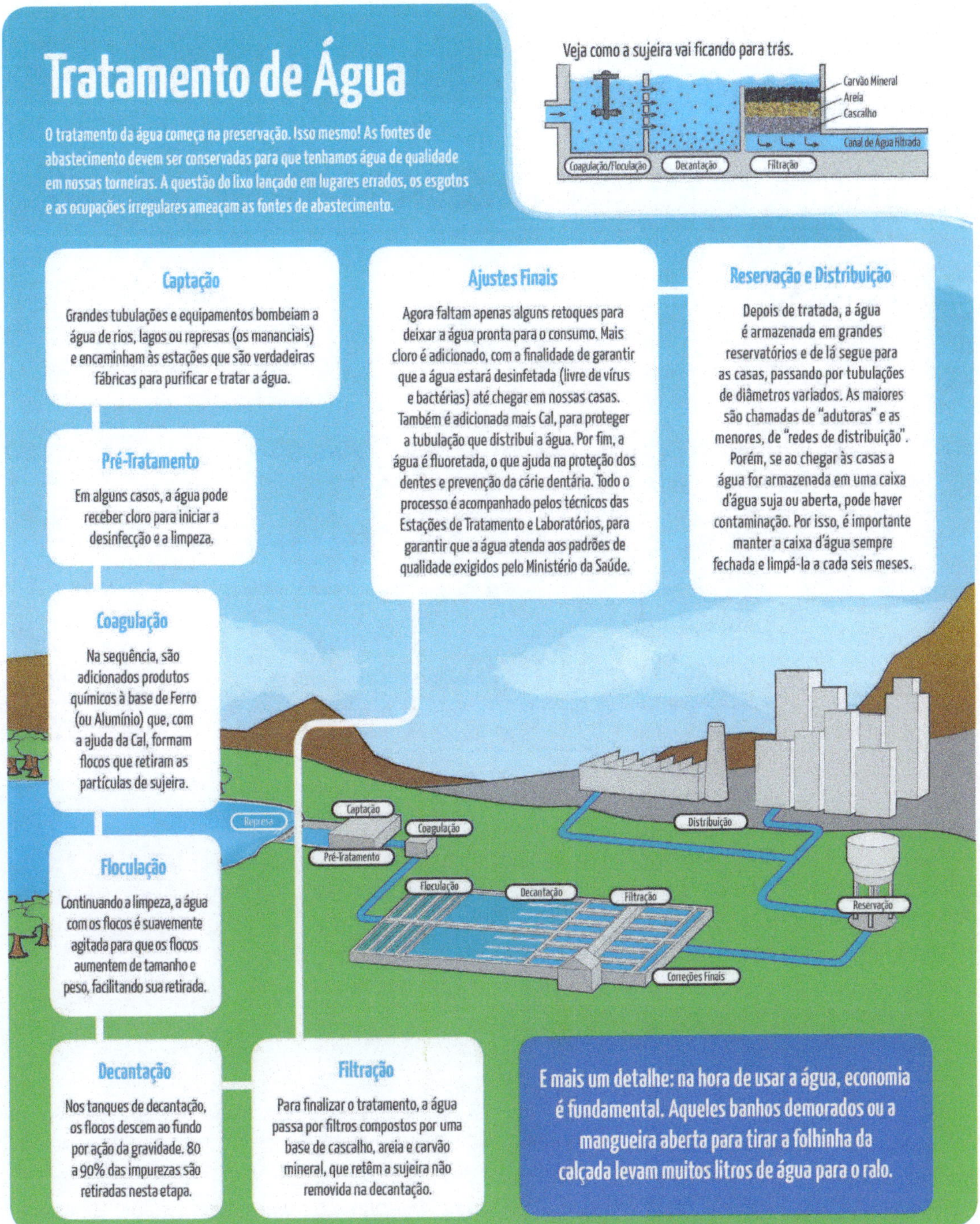

Fonte: Sabesp.

Durante o tratamento, a água impura passa por diversas etapas até se tornar adequada ao consumo da população.

Água usada

Depois de ser usada, a água vai para os ralos e em seguida para os canos, que, por sua vez, chega à caixa de inspeção e à saída do esgoto doméstico. Tanto os esgotos que saem das casas quanto os das indústrias devem ser bombeados para uma estação de tratamento, onde os sólidos são separados do líquido. Esse método diminui a carga de poluição nos reservatórios para onde é encaminhado o esgoto. Além disso, o lodo que sobra do tratamento pode ser transformado em fertilizante agrícola.

INTERVENÇÃO HUMANA

5

LuisMoura/Estadão Conteúdo

DURANTE MUITO TEMPO A ÁGUA FOI CONSIDERADA UM RECURSO INTERMINÁVEL. HOJE, PORÉM, SABEMOS QUE A DISPONIBILIDADE DE ÁGUA POTÁVEL EM TODO O PLANETA DECRESCEU CONSIDERAVELMENTE. ESSA SITUAÇÃO SE DEVE TANTO AO CRESCIMENTO DAS POPULAÇÕES QUANTO ÀS MUDANÇAS CLIMÁTICAS, À CONTAMINAÇÃO DE FONTES, AO DESPERDÍCIO E AO COMPORTAMENTO DA SOCIEDADE ATUAL PARA A QUAL ESSA SUBSTÂNCIA SE TORNA CADA VEZ MAIS NECESSÁRIA.

Dentro desse cenário, muitas pessoas defendem a ideia de que a possível crise da água está muito mais ligada ao mau uso da água que a uma real escassez dela. Até mesmo porque a quantidade total de água no planeta tem sido praticamente constante há mais de 3 bilhões de anos graças ao ciclo da água visto no capítulo 3. É por essa razão que consideramos a água um recurso renovável, pois sua reposição é feita de forma contínua pela própria natureza.

Podemos dizer que o conjunto dos impactos provocados pelos usos múltiplos da água (tratados no capítulo 2, dentre os quais na produção de energia elétrica) afeta seu ciclo e sua qualidade.

Tanto o tipo de efeito quanto a intensidade desses impactos estão diretamente ligados a vários fatores, como a concentração das pessoas em grandes centros urbanos, a economia regional e o poder aquisitivo da população, as atividades agrícolas e as industriais, entre outros. Em outras palavras, muitas vezes generalizamos os efeitos das atividades humanas, mas elas devem ser estudadas caso a caso, pois apenas conscientes das consequências das intervenções humanas será realmente possível fazermos um bom uso dos nossos recursos hídricos.

Você sabia?

Usinas hidrelétricas e meio ambiente

A produção de energia elétrica – **hidroeletricidade** – é um dos usos indiretos da água. Essa fonte de energia é uma das formas menos impactantes comparada a muitas outras maneiras de se obter energia elétrica. Porém, a construção de uma usina hidrelétrica ocasiona uma modificação no cenário original. O preparo para a instalação de uma hidrelétrica, requer desde o desvio de cursos de rios ao represamento de grandes quantidades de água. Isso ocasiona a alteração do ciclo hidrológico, prejudicando a vegetação e a vida dos animais e das pessoas que habitam as proximidades. Esse efeito é ainda mais intenso em regiões áridas e semiáridas, onde a evaporação pode provocar a redução de 25% nos reservatórios. Assim, embora o consumo de água não esteja ligado ao funcionamento da usina, sua presença já indica uma redução no volume de água dos rios. Por isso, a relação entre os ganhos e as perdas dessa construção deve ser rigorosamente calculada. Atualmente, os impactos causados por usinas são fiscalizados por organizações não governamentais (ONGs), associações de populações desalojadas e pela sociedade como um todo.

Consumo e desperdício

Considerando, primeiramente, o gasto (consumo) de água, pode-se afirmar que, no geral, gasta-se muita água; porém, esse consumo não é igual em todas as regiões do mundo. Por exemplo, nos lugares em que o clima é muito rigoroso e há pouca água, os recursos hídricos são mais bem aproveitados. O comportamento da população é mais consciente: economiza-se a água consumida no banho, na limpeza de casa, nas várias tarefas e nas atividades do dia a dia. Outros setores também otimizam o uso desse recurso. Por outro lado, em algumas sociedades a demanda é excessivamente maior.

Isso significa que o consumo de água difere muito entre os países. No continente africano, por exemplo, o consumo de água é por volta de 12 litros de água por dia, enquanto na cidade de Nova York, localizada nos Estados Unidos, a média de consumo de água por pessoa chegou a alcançar 2000 litros de água por dia.

Em um panorama global, a demanda dobrou nos últimos 50 anos. No Brasil, a água potável é utilizada para os mais diversos fins. A média de consumo, considerando todo o território brasileiro, é por volta de 166 litros (L)/habitante (hab.)/dia. Comparando as diferentes regiões de nosso país, a região que menos consome é a região Nordeste, 155,8 L/hab./dia, em oposição à região Sudeste, que tem o maior índice de utilização, 194 L/hab./dia. Esses valores se referem à média diária, por indivíduo, dos volumes utilizados para o consumo doméstico, comercial, público, agrícola e industrial.

Comparando os diferentes estados dentro de uma mesma região, há diferenças significativas de consumo. Por exemplo, o Rio de Janeiro é o estado com a maior média de consumo, 253,1 L/hab./dia, enquanto Alagoas apresenta a menor média, 99,7 L/hab./dia. Porém, não se pode esquecer que esses valores se devem ao conjunto de fatores mencionados no início deste capítulo.

Em muitas localidades brasileiras, a água potável é utilizada para os mais diversos fins, desde o consumo humano até o resfriamento de máquinas industriais, sem contar as atividades cotidianas de cada cidadão.

A escassez de água em nosso país está diretamente relacionada ao comportamento dos brasileiros quanto ao seu uso. Temos hábitos de usar mais água do que realmente é necessário para realizar algumas tarefas. Por exemplo, gastamos litros de água potável para lavar o chão e desperdiçamos outros tantos em demorados banhos ou mantendo a torneira aberta enquanto escovamos os dentes. E esses são apenas alguns dos exemplos de consumo de grande parte da população.

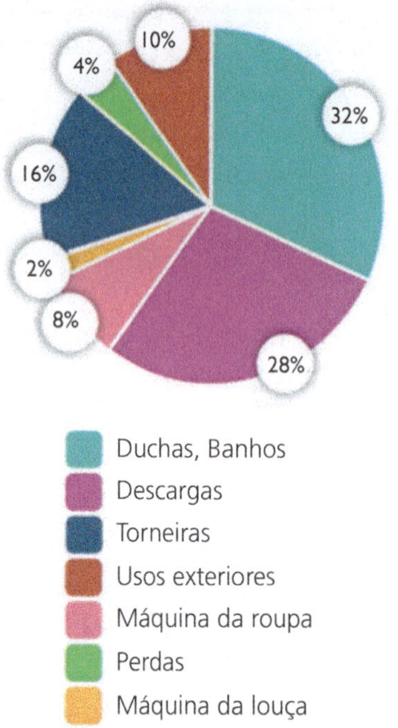

Baseado em: DAE - Departamento de Água e Esgoto de São Caetano do Sul. Disponível em: <www1.daescs.sp.gov.br>. Acesso em: 19 ago. 2015.

É possível estimar os gastos desse líquido em cada atividade doméstica. Cerca de 33% do consumo de água são gastos com as descargas dos vasos sanitários; aproximadamente 27% são usados para beber e cozinhar; 25% destinam-se à higiene pessoal; e o restante é consumido em outras atividades, como lavar roupas e carros.

No entanto, apesar de as atividades domésticas demandarem grande consumo de água, os setores que mais consomem são o industrial e o agrícola.

No Brasil, cerca de 20% da água distribuída são gastos nas atividades domésticas e comerciais, outros 20% são consumidos em atividades industriais, enquanto a agropecuária é responsável pelo consumo dos 60% restantes.

No contexto mundial, o setor rural, incluindo a agricultura e a pecuária, utiliza cerca de 72% de água, enquanto 19% destinam-se ao consumo industrial e apenas 9% correspondem ao uso doméstico. Mas de um jeito ou de outro é o cidadão que está usando essa água, direta ou indiretamente.

Também, em termos de produtos agrícolas e de produtos industrializados, temos de nos lembrar da pegada hídrica, ou seja, ao consumirmos determinado alimento ou outro produto, estamos consumindo a água que foi utilizada para produzi-los. E, na maioria dos casos, a produção ocorre em determinada região e é comercializada em outra. Portanto, existe um fluxo de água global. O Brasil, por exemplo, tem cerca de 9% de sua pegada hídrica total fora das fronteiras do país, enquanto Portugal tem 60%. Em outras palavras, alguns países consomem muita água dentro de suas fronteiras e a exportam por meio de produtos como grãos, carnes e bens industrializados. Nosso país é um desses casos. Já Portugal é diferente, pois a maior parte da água consumida vem de outros países sob a forma de produtos.

Poluição e outros impactos ambientais

O consumo não é o único problema. A água usada é descartada, deixando de ser potável, pois nela foram despejadas substâncias das mais variadas, desde matérias orgânicas a detergentes, produtos de limpeza, agrotóxicos, óleo e organismos transmissores de doenças. Tudo isso é o que provoca a poluição dos reservatórios de água.

Será então que o grau de poluição pode ser proporcional ao consumo de água por setor? Se for assim, a produção rural (agrícola e pecuária) é a maior responsável pelo aporte de poluentes nas reservas de água, seguida pelo setor industrial e as atividades domésticas. Porém, é muito difícil generalizar dessa forma, pois são muitos os fatores que agem conjuntamente.

Vejamos como é possível separar a agricultura e a pecuária da indústria e da população neste caso.

Os efeitos da agricultura

A sociedade humana necessita de alimentos e é preciso muita água doce e não poluída para produzi-los. Aliado a esse fator, os alimentos produzidos na área rural passam por algum processo de industrialização antes de serem distribuídos aos consumidores.

Quanto mais consumidores, mais produção agrícola e, portanto, maior será a industrialização.

No entanto, uma forma de compreender os efeitos de todos esses processos é compreender algumas etapas deles.

As atividades agrícolas alteram os reservatórios de água não só porque consomem muito, mas também porque podem degradar o ambiente de diferentes maneiras. Por exemplo, para melhorar a produção de suas terras, os agricultores utilizam adubos e agrotóxicos, que são arrastados pelas águas das chuvas ou das sobras da irrigação e assim chegam aos rios, lagos e represas. Uma parte também se infiltra no solo, atingindo os reservatórios subterrâneos. Apesar de aumentarem a produção de alimentos e acabarem com as pragas que destroem as plantações, esses produtos são altamente tóxicos ao ser humano. Depois que atingem os reservatórios de água, é muito difícil retirá-los. Eles permanecem na água e comprometem a qualidade desse líquido. Além disso, substâncias tóxicas presentes na água podem ser ingeridas pelos peixes consumidos pela população. Os efeitos dessa contaminação não são percebidos imediatamente. Muitos elementos vão se acumulando nos indivíduos ao longo do tempo e podem levar à morte, não só os seres humanos, mas outras espécies também, dependendo da concentração de tóxico absorvida. É o chamado efeito da bioacumulação. Em alguns casos, os produtos não são perigosos, a princípio, mas deixam a água levemente salgada, tornando-a imprópria para o consumo.

Thinkstock/Getty Images

Aplicação de agrotóxico em plantação de arroz no Japão.

Outro problema originado das práticas agrícolas e também das atividades pecuárias é o desmatamento efetuado para dar lugar às diversas culturas, como soja, café, cana e pastagens para criação de gado, entre outras. Sem a vegetação para proteger as margens dos rios, o solo é carregado pela ação das chuvas e dos ventos, por meio de um fenômeno denominado erosão. A terra erodida deposita-se no leito dos rios, fazendo com que o volume de água ali se torne cada vez menor, e, em casos extremos, o rio pode até secar completamente. Esse fenômeno é chamado **assoreamento**.

Andre dib/Pulsar

Vista aérea do Rio Branco e da Floresta Amazônica. Surgimento de praia fluvial devido ao assoreamento do rio e estiagem na região. Boa Vista, RR, Brasil, 2014.

No Brasil, a região que tem sofrido mais com esse fenômeno é a região Centro-Oeste. O desmatamento no Cerrado, segundo o Ministério do Meio Ambiente, já ultrapassou metade do território total.

Dentre as inúmeras consequências dessa ação, uma das mais graves é a alteração dos padrões de chuva. Essa diminuição de precipitação, além de implicar menor infiltração de água para os lençóis freáticos, pode implicar falta de água e gerar graves consequências para a própria agricultura e para a pecuária.

Atividade 2

Poluentes domésticos

Você tem noção de quantos produtos são diariamente lançados nos esgotos ou nos bueiros? Oficinas mecânicas eliminam desde óleo até combustíveis, empresas de construção civil descartam restos de tinta, cimento e também produtos para combater ferrugem e cupins.

Em nossas residências também eliminamos uma série de poluentes: creme dental, espuma de sabonete, xampu, produtos de limpeza. Tudo isso vai para os esgotos e, consequentemente, para os rios.

Propomos aqui uma atividade para você verificar como nossos rios ficam sobrecarregados com esses produtos.

Material

- ✓ 6 copos transparentes
- ✓ 1 colher (sopa) de detergente colorido
- ✓ fita-crepe
- ✓ lápis

Procedimento

Numere os copos de 1 a 6, usando pedaços de fita-crepe e lápis. Coloque no copo número 1 uma colher (sopa) de detergente e encha-o com água. Despeje metade do conteúdo no copo 2. Coloque mais água nele até que fique cheio. Continue esse processo até chegar ao copo número 6.

Verifique a diferença na quantidade de espuma dos seis copos. Anote suas observações em um caderno. Com base nos resultados desta atividade, como você explica que a quantidade de chuva de uma região pode ajudar a combater a poluição dos rios?

Poluição industrial

Outro setor que produz impacto no ambiente das águas como mencionado anteriormente é o das indústrias. Elas também gastam muita água e, na maioria dos casos, descarregam nos rios imensa quantidade de dejetos e produtos tóxicos. E tudo o que é despejado nos rios chega aos oceanos.

Nos países mais desenvolvidos, o tratamento do esgoto industrial é obrigatório e fiscalizado. No Brasil, embora existam leis de proteção ao ambiente, a fiscalização é precária e, muitas vezes, os infratores não são punidos. Assim, diversos rios brasileiros estão poluídos por causa dos despejos de resíduos sólidos de indústrias e de estabelecimentos comerciais e domiciliares.

Não é difícil citarmos exemplos de rios poluídos nas diversas regiões do Brasil. No Sudeste, o rio Paraíba, por exemplo, que abastece uma das regiões de maior importância econômica para o país, o Vale do Paraíba, entre os estados de São Paulo e Rio de Janeiro, está extremamente poluído. Ao longo de seus 1 100 quilômetros, estão instaladas mais de 8 mil indústrias. Além de abastecer as próprias indústrias, o rio fornece água para 13 milhões de pessoas de 180 cidades dos estados de São Paulo, Minas Gerais e Rio de Janeiro. Outros rios também estão em péssimo estado, como o Pinheiros e o Tietê, dentro da região metropolitana de São Paulo; o Piracicaba, que abastece cidades como Campinas, Americana, Sumaré e Piracicaba, no estado de São Paulo; e rio das Velhas, na região industrial de Belo Horizonte. O Sul do país também abriga rios bastante poluídos, como o rio Iguaçu no estado do Paraná, o rio dos Sinos, o Gravataí e o Caí no Rio Grande do Sul. No Nordeste, os rios em estado de elevada poluição estão localizados no estado de Pernambuco, como o Ipojuca e o Capibaribe.

Romanenkova/Shutterstock

Água poluída pelas indústrias.

Os problemas causados pela urbanização

Todos esses problemas apresentados anteriormente estão relacionados direta ou indiretamente à intensa urbanização. Nos centros urbanos, principalmente nas capitais dos estados, a quantidade de pessoas parece aumentar a cada dia. A população urbana praticamente dobrou em um período de 50 anos. Com o crescimento populacional e a grande concentração em determinadas áreas, inevitavelmente, ocorre aumento não só do volume de esgotos domésticos e de resíduos sólidos, mas também do consumo de água potável. Além disso, a própria estrutura da cidade, praticamente tomada por concreto e asfalto, também interfere bastante no ciclo hidrológico.

Com tantas interferências sobre o meio ambiente, é fácil entender o quadro atual de deterioração dos rios urbanos.

O que causa estranheza é saber que o rio com maior volume de água do mundo, localizado na região de menor densidade demográfica do Brasil, já apresenta indícios de poluição, ocasionada por despejo de esgoto. Essa informação do início de 2014 revela que no rio Amazonas há sinais de poluição na região do Amapá, devido à presença de inúmeras ligações irregulares que despejam esgoto diretamente no rio, o que tem causado muitos problemas, principalmente, porque é desse mesmo local que é retirada a água que abastece a população. A princípio isso não é tão grave, uma vez que antes de ser distribuída, a água passa por um longo tratamento que a torna potável e, portanto, adequada ao uso. A questão é que o aumento da poluição torna o procedimento cada vez mais difícil e caro.

No Brasil, o tratamento de esgoto aumentou muito nos últimos anos. Porém, a quantidade de esgoto não tratado é muito maior que os dados oficiais podem indicar. Em termos mundiais, a situação ainda é pior, pois atualmente menos de 4% dos esgotos domésticos do mundo todo passam por tratamento adequado antes de serem descarregados nos rios, lagos ou oceanos.

A carga de esgoto depositada diariamente nos rios não é proveniente apenas das residências. Grande parte é proveniente das indústrias locais, e muitas delas não tratam os dejetos antes de descarregá-los nos rios, conforme já mencionamos. E, assim como ocorre na região do Amapá, esses rios nos quais são eliminados os esgotos são os mesmos de onde se retira a água para o consumo de populações vizinhas. O rio Guandu, por exemplo, principal fonte de abastecimento de água do Rio de Janeiro, apresenta dejetos industriais e esgoto bruto a menos de 500 metros da estação de captação de água.

A contaminação dos leitos dos rios ainda envolve mais um agravante: os rios passam por diversos municípios e algumas bacias hidrográficas estendem-se por mais de um país. Então, se um município poluir determinado rio, não apenas sua própria população sentirá os efeitos desse ato, mas uma quantidade muito grande de regiões e consequentemente de pessoas será afetada. Isso é que torna difícil evitar a

Alf Ribeiro/Shutterstock

Localizado no município de São Paulo, o rio Pinheiros se encontra poluído devido às atividades associadas à intensa urbanização.

contaminação desses corpos de água, pois não adianta apenas uma cidade ou um país realizar o tratamento de esgoto para manter a qualidade da água, uma vez que basta um para poluir o reservatório todo.

Outra consequência da expansão urbana é a substituição da vegetação nativa por casas, prédios, indústrias e ruas. Isso implica cobrir a superfície do solo com materiais impermeáveis, como asfalto e concreto. Devido a essa impermeabilização do solo, a água da chuva, que deveria se infiltrar na terra, como mencionamos no estudo do ciclo hidrológico, escoa rapidamente pelas diversas superfícies da cidade, chegando até a rede de esgotos ou rios próximos. Isso provoca um aumento muito grande no nível dos rios, podendo causar enchentes (como veremos com mais detalhe no próximo capítulo). Além disso, essa água carrega toda sujeira das ruas para os reservatórios, piorando ainda mais a poluição.

A ocupação desordenada também contribui para a degradação do meio ambiente. Durante o processo de expansão da cidade, as áreas próximas aos reservatórios acabam às vezes sendo invadidas ou ocupadas por loteamentos clandestinos. Essas áreas, entretanto, deveriam permanecer isoladas para garantir a qualidade da água. Em razão da ocupação indevida, elas passam a receber lixo e esgoto, o que polui a água. Esse processo ocorre não só nas regiões Sul e Sudeste, que são as mais populosas, mas em boa parte do território brasileiro.

Não surpreende o fato de que os casos mais graves de degradação estejam situados onde hoje vive boa parte da população brasileira. Em Porto Alegre, o rio Guaíba está comprometido pelo lançamento de resíduos domésticos e industriais, além de sofrer as consequências do uso inadequado de agrotóxicos e fertilizantes. Brasília não só enfrenta a escassez de água como tem problemas com a poluição do lago Paranoá. O rio Paraíba do Sul, que abastece a região metropolitana do Rio de Janeiro e outras importantes cidades dos estados de São Paulo e de Minas Gerais, passa por graves problemas causados pelo garimpo, desmatamento e esgotos industriais e domésticos. Belo Horizonte já perdeu uma fonte de abastecimento, a lagoa da Pampulha, que teve de ser substituída pelos rios Serra Azul e Manso, mais distantes do centro de consumo. Também no rio Doce, que atravessa os estados de Minas Gerais e Espírito Santo, a extração de ouro, o desmatamento e o uso inadequado do solo agrícola provocam prejuízos enormes à qualidade de suas águas.

O estado de São Paulo sofre com a escassez de água e com problemas decorrentes de poluição em diversas regiões: no Alto Tietê, junto à região metropolitana; no rio Turvo; no rio Sorocaba, entre outros. Acredita-se que 12 mil km^3 de água poluída fluem pelos rios do mundo.

Mauricio Simonetti/Pulsar

Vista aérea da região do Jardim São Luís às margens da Represa de Guarapiranga.

Outras fontes de contaminação da água

Outro tipo de poluição bastante significativa das águas é a contaminação por óleo ou petróleo. Entre os produtos transportados por mar encontram-se o petróleo e o óleo *diesel*, e isso pode ser feito em navios petroleiros ou através de oleodutos. Infelizmente, os petroleiros às vezes sofrem algum acidente ou os oleodutos apresentam algum tipo de vazamento. O petróleo ou o óleo então derramado causa grande impacto no ambiente. Como não se mistura com a água, ele permanece na superfície do oceano ou de um rio impedindo a troca de oxigênio com o ar, bem como a passagem de luz necessária para as algas e outras plantas aquáticas viverem. Dessa forma, toda cadeia alimentar será prejudicada, uma vez que algas e plantas são produtores que sustentam os demais organismos que vivem na mesma área.

Organismos maiores também podem ser afetados. O óleo adere às penas das aves marinhas (que mergulham na água para se alimentar) e à pele de outros animais, o que não só afeta os movimentos desses organismos, mas também pode envenená-los e sufocá-los.

Animais menores como os mexilhões e as ostras também podem morrer, pois o óleo entope estruturas através das quais eles se alimentam. O mais grave nessas situações é que o óleo ou o petróleo pode ser carregado para outras áreas através das correntes marinhas.

Acidentes em plataformas de exploração de petróleo e vazamentos de oleodutos são graves fontes de poluição ambiental, pois, para se recuperar desse tipo de desastre, o meio ambiente pode levar de um a dez anos. Apenas um litro de óleo é capaz de contaminar um milhão de litros de água!

Você sabia?

Óleo vegetal

Muitas vezes, a gente se esquece que o óleo vegetal, muito usado na cozinha para preparar alimentos também é uma fonte de poluição.

Muita coisa pode ser feita com o óleo de cozinha usado: fabricação de tintas, sabão, detergentes e *biodiesel*, mas, infelizmente pouca gente faz o descarte correto.

A forma mais usual de as pessoas descartarem o óleo usado é jogando-o no ralo da pia ou no cesto de lixo. Porém, esse é um péssimo hábito!

Os óleos vegetais, embora muitos desconheçam, causam danos ao meio ambiente quando descartados de maneira incorreta. Nas estações de tratamento de esgoto, o óleo é a substância mais difícil de ser eliminada e torna todo o processo de tratamento ainda mais caro.

Armazene-o em garrafas e procure postos de coleta.

Abaixo, selecionamos *links* de empresas que fazem a coleta de óleo de cozinha usado em todo o Brasil. Veja:

Akatu: <www.akatu.org.br/Temas/Residuos/Posts/Onde-entregar-o-oleo-de-cozinha-usado>. Traz uma lista nacional com endereços de postos de coleta.

Pão de Açúcar: <www.gpabr.com/pt/sustentabilidade/consumo-e-oferta-consciente>

Porto Seguro: <www.portoseguro.com.br/reciclagem>.

ONG Trevo: <http://trevo.org.br/index.php>.

Liza: <http://liza.com.br/sustentabilidade>.

David Varga/Shutterstock

CONSEQUÊNCIAS DE NOSSOS ATOS

6

v.apl/Shutterstock

OS INÚMEROS IMPACTOS DECORRENTES DOS MÚLTIPLOS USOS DA ÁGUA APRESENTAM ALGUMAS CONSEQUÊNCIAS PARA O AMBIENTE E PARA AS POPULAÇÕES HUMANAS TAMBÉM. ALGUNS EFEITOS ATINGEM GRANDES REGIÕES, OUTROS ATINGEM ÁREAS MAIS ESPECÍFICAS, O QUE REFLETE DIRETA OU INDIRETAMENTE SOBRE AS POPULAÇÕES OU DETERMINADAS COMUNIDADES.

Desertificação

Dentre as consequências dos atos dos seres humanos, podemos citar a desertificação. Uma das causas desse processo é o mau gerenciamento dos recursos hídricos, como no caso do MAR DE ARAL Observe na imagem acima embarcações abandonadas no Uzbequistão, onde costumava ser o Mar de Aral. Devido ao desvio das águas que alimentavam o antigo lago para a irrigação de plantações, a região sofreu um processo de desertificação. Quando a vegetação nativa de uma região é removida a fim de dar lugar a plantações

MAR DE ARAL é um lago de água salgada, localizado na Ásia Central entre o Cazaquistão e o Uzbequistão. O nome refere-se à grande quantidade de ilhas presentes em seu leito.

Para saber mais, veja: **Catástrofe no Mar de Aral**. Disponível em: <www.bbc.com/portuguese/noticias/2015/02/150226_mar_aral_gch_lab>. Acesso em: 1 fev. 2018.

e pastos para criação de animais. Mas esse problema não ocorre em qualquer parte, é típico de regiões onde as chuvas são muito escassas e a perda de água por evaporação e outros processos é muito grande, ou seja, acontece nas áreas áridas, semiáridas e subúmidas secas do planeta. Nesses locais, onde o clima é seco ou relativamente seco, o solo e os recursos hídricos podem se degradar a ponto de destruir a vida vegetal e animal local e contribuir ainda mais para diminuir as chuvas, normalmente escassas. Conforme estudamos, a cobertura vegetal pode ser importante para regular o clima de uma região; então, quando ela desaparece, o ambiente perde a capacidade de se recuperar sozinho. A esse fenômeno chamamos **desertificação**. Esse processo, porém, não é provocado apenas por atividades humanas. Muitas vezes, ele resulta de variações climáticas.

De qualquer forma, causada por interferência humana ou por fenômenos naturais, a desertificação afeta a qualidade de vida não só da população que ali habita, mas também de pessoas de outros locais, ainda que de forma indireta. Estima-se que no mundo todo 1,4 bilhão de pessoas sofre com a escassez de água.

No Brasil, a área suscetível à desertificação situa-se na região Nordeste, particularmente na parte semiárida. Esse problema atinge uma área de mais de 900 mil quilômetros quadrados, ou seja, mais de 10% do território nacional, e afeta direta ou indiretamente mais de 15 milhões de brasileiros. Para fugir das péssimas condições de vida, grande parte da população local migrou para outras cidades, principalmente da região Sudeste. As migrações desestruturam inúmeras famílias, além de aumentar os problemas existentes nas áreas urbanas, que não têm condições de receber a população que se deslocou.

Fabio Colombini

Açude seco na caatinga, microrregião da Borborema Potiguar. Tangará, RN, 2014.

Enchentes

Enquanto alguns lugares sofrem em razão da falta de água, outros se prejudicam com o excesso, ou seja, com as enchentes. Embora a ideia de enchente esteja em geral vinculada a tragédias e catástrofes, enchente não passa de um fenômeno natural dos regimes dos rios. Em consequência de chuvas fortes, uma grande quantidade de água acaba inundando as terras marginais aos rios. Todo e qualquer rio tem sua área natural de inundação. No Pantanal, localizado no Centro-Oeste do Brasil, e na região Amazônica, durante alguns meses do ano as terras ficam encobertas com água, e esse é um fenômeno totalmente natural. Inclusive os animais e plantas locais estão adaptados a esse acontecimento periódico.

Entretanto, também se considera enchente o alagamento – provocado pela inundação de um curso de água ou por chuva torrencial – de regiões, rurais ou urbanas, habitadas por seres humanos. Em cidades que cresceram rapidamente e sem planejamento, o problema torna-se muito grave, pois, muitas vezes, as áreas de risco (como as margens inundáveis, por exemplo) são habitadas por pessoas mais pobres, sem recursos para enfrentar as ocasiões de cheia. Quando a frequência das inundações é baixa, a população ganha confiança e despreza o risco, aumentando a ocupação nessas áreas. Mas, quando ocorrem chuvas fortes, as margens são alagadas e as enchentes transformam-se em catástrofes, provocando mortes e doenças.

Thinkstock/Getty Images

Pantanal na cheia.

Além da ocupação das margens inundáveis, o crescimento urbano contribui de outra forma para intensificar as enchentes. Conforme mencionamos, a maior parte da água da chuva infiltra-se no solo, enquanto uma parcela menor vai diretamente para os rios, riachos e outros reservatórios.

Uma das alterações nesse processo ocorre quando o ser humano remove a cobertura vegetal para realizar obras que impermeabilizam o solo, com a construção de casas, de ruas pavimentadas, estradas, rodovias. Nessas condições, fica difícil para a água se infiltrar no solo.

Quando ocorrem enxurradas, sem ter para onde ir, a água acumula-se e inunda as casas. Na maioria das vezes, os bueiros não são suficientes para escoar tanto líquido. Além disso, se houver resíduos sólidos nas ruas, a chuva os arrasta em direção aos bueiros, que entopem. Nessas situações, rios e córregos urbanos acabam transbordando e inundando ainda mais a cidade.

São muitos os problemas que as enchentes podem trazer para os habitantes de uma cidade. Além de destruir residências e comércios e dificultar o trânsito de automóveis e a locomoção das pessoas em geral, elas ajudam a propagar doenças. Muitos organismos nocivos podem ser levados de um local a outro da cidade, carregados pelas águas das enchentes.

Um grande exemplo disso é que, no mundo, cerca de 10 milhões de pessoas por ano são afetadas por doenças propagadas pela água. Isso não se deve apenas aos casos de enchentes, mas, quando não é tratada, a água pode ser um meio de transmissão de doenças, principalmente as que afetam o intestino, como a diarreia, a cólera, a hepatite e a esquistossomose. Considerando todas as doenças que atingem o ser humano, 80% são transmitidas pela água sem tratamento ou contaminada em razão do despejo inadequado de esgotos.

Donatas Dabravolskas/ Shutterstock

Nova Iguaçu, Rio de Janeiro, 2013. Enchentes provocaram a inundação de casas e estabelecimentos comerciais, desalojando e prejudicando centenas de pessoas.

Água contaminada e doenças

Muitos dos organismos transmissores de doenças são microscópicos. Por isso é fundamental ter cuidado ao ingerir qualquer tipo de água, pois a contaminação nem sempre é visível. Mesmo com a água tratada é recomendável ter alguma cautela, porque muitas vezes a contaminação ocorre durante a sua utilização. Recipientes que são utilizados sem os devidos cuidados de higienização, mãos que não são bem lavadas, entre outros fatores, podem favorecer a transmissão de doenças.

A contaminação da água é ainda mais preocupante em cidades muito povoadas. Na cidade de São Paulo, por exemplo, metade dos mananciais que abastece a população já se encontra ameaçada por depósitos de lixo e esgoto, que contaminam as águas subterrâneas e podem comprometer a saúde de milhares de pessoas. Devido a isso, muitos poços localizados em um raio de 100 quilômetros em torno da cidade de São Paulo correm o risco de estarem contaminados.

Você sabia?

Detectando contaminação da água

Para verificar se a água de determinado local está contaminada, envia-se uma amostra dela para ser analisada em um laboratório especializado.

O exame laboratorial pode determinar a presença de coliformes fecais, que são bactérias encontradas no intestino de seres humanos e outros animais. Em princípio, essas bactérias não causam mal ao ser humano. Mas a presença delas na água é um sinal de que o líquido pode conter outros organismos capazes de causar doenças, normalmente mais difíceis de isolar e detectar. A presença de coliformes fecais é comumente usada como indicadora de poluição por esgoto. Muitas praias são periodicamente testadas, por vários métodos diferentes, dentre eles o de coliformes fecais para verificar sua qualidade para banho.

Diarreia

Uma das doenças mais comuns é a diarreia, que pode ser adquirida pela ingestão de comida ou água contaminada com organismos minúsculos, invisíveis a olho nu. É mais comum em bebês e crianças, embora possa atingir adultos.

Essa doença provoca a eliminação de fezes líquidas várias vezes em um só dia. Com as fezes, são eliminados sais importantes e muita água para o funcionamento de nosso corpo. Por isso, quem apresenta esse sintoma, além de tomar muito líquido, deve ingerir um pouco de soro contendo sais dissolvidos.

Em alguns casos a diarreia pode terminar sem nenhum tratamento, mas a reposição dos líquidos é sempre necessária. Ela pode ser perigosa se for muito intensa e permanecer por muito tempo, provocando alguns sinais de desidratação: boca seca, sede, pele e olhos secos, prostração (que deixa a pessoa sonolenta, sem conseguir se movimentar muito). Nesse caso, o indivíduo deve ser imediatamente levado a um pronto-socorro ou posto de saúde. Os grupos de pessoas mais vulneráveis são os bebês e os idosos. Nesses casos, a desidratação pode ser bem perigosa se não for revertida.

O **SORO CASEIRO**, de preparo bem simples, colabora na recuperação de quem apresenta o sintoma básico de diarreia, eliminando fezes líquidas várias vezes em um só dia.

SORO CASEIRO: RECEITA

Ingredientes: 1 copo de 200 ml de água filtrada ou fervida; 2 colheres rasas (sopa) de açúcar; 1 colher (café) de sal.

Modo de preparo: Dissolva o açúcar e o sal. O soro deve ser consumido frio e em pequenas quantidades, várias vezes ao dia. Sua validade é 24 horas apenas; depois desse período ele não pode ser mais ingerido. Se após esse tempo os sintomas persistirem, a pessoa deve procurar um médico.

Cólera

Associada a vômito e febre, a diarreia indica a ocorrência de outras doenças. É o caso da cólera, uma infecção causada por bactéria, que provoca também fortes câimbras. Vômitos e diarreia podem acelerar o processo de desidratação, provocando a perda de até 20 litros de água por dia, o que leva o indivíduo à morte.

Como é uma doença grave, nem sempre o tratamento (ingestão de grande quantidade de líquidos e soro) pode ser feito em casa. Muitas vezes, para que o efeito do soro seja mais rápido, o paciente deve ser internado para recebê-lo diretamente no sangue. A cólera pode ser adquirida ao se ingerir água ou alimentos contaminados com a bactéria. Pode se espalhar rapidamente em lugares com tratamento inadequado de água e esgoto, tornando-se uma epidemia. A bactéria da cólera, presente em águas salobras e salgadas, contamina os animais que vivem em ambientes costeiros. Por isso, é possível adquirir essa enfermidade quando comemos frutos do mar (peixes, mariscos, mexilhão, ostras etc.) crus ou malcozidos.

Esquistossomose

Outra doença que apresenta como um de seus sintomas a diarreia é a esquistossomose, também conhecida por xistosa ou doença do caramujo, é uma doença muito comum na área rural do Brasil. O organismo que causa essa doença vive em nosso intestino, ou seja, é um parasita do intestino humano. A pessoa infectada pode apresentar, além da diarreia, emagrecimento e aumento de volume da barriga; por isso a doença é também chamada de barriga-d'água. É fundamental o tratamento da água e a eliminação adequada de esgotos nas áreas de ocorrência da esquistossomose, para que se possa interromper o ciclo de vida do parasita e assim evitar sua proliferação.

Para a prevenção, não é suficiente apenas uma medida isolada. Além de tratar as pessoas infectadas, são necessárias medidas mais efetivas de saneamento básico e combate aos caramujos.

Você sabia?

Ciclo de vida do parasita

Algumas pessoas às vezes eliminam fezes em lugares inadequados. Quando esse indivíduo se encontra contaminado com a esquistossomose, em suas fezes há ovos do parasita, os quais podem causar a doença. A água da chuva carrega os ovos contidos nas fezes para os rios e lagos, onde eclodem. As larvas que surgem penetram em um tipo de caramujo e nele se desenvolvem. Depois, essas larvas desenvolvidas voltam à água dos rios e lagos.

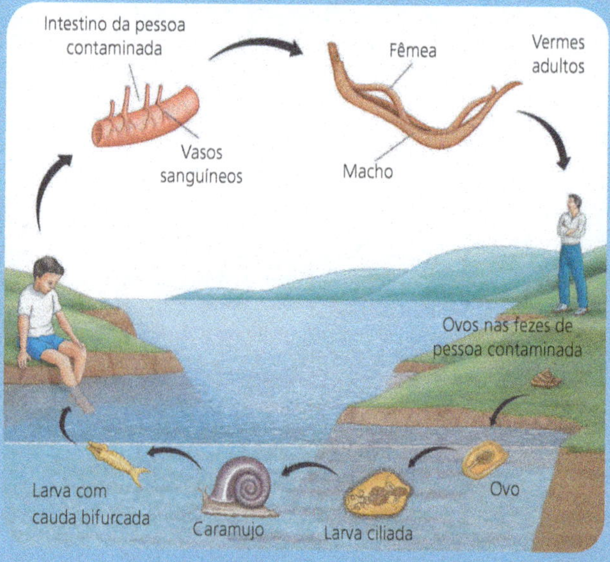

Se uma pessoa sadia tiver contato com essas águas, as larvas podem penetrar sua pele. Dentro do corpo, tornam-se adultas e provocam os sintomas da doença. Essa pessoa, agora enferma, ao eliminar fezes em locais inadequados, permite que o ciclo de vida do parasita recomece.

Leptospirose

Uma das doenças mais conhecidas no meio urbano é a leptospirose. Ela costuma ser provocada por uma bactéria eliminada na urina do rato de esgoto. Essa bactéria sobrevive no solo úmido e na água das inundações. Ao entrar em contato com água ou lama de enchente, a pessoa pode contrair a doença. As águas das inundações muitas vezes deslocam a bactéria da leptospirose para outras áreas, contaminando os alimentos e a água de uso doméstico ingerida pela população. Os principais sintomas da leptospirose são febre alta, dor de cabeça, dores musculares e hemorragias na pele e em outras partes do corpo.

Hepatite

Bastante conhecida, a hepatite tipo A é causada por vírus. A transmissão desse vírus ocorre por meio da ingestão de água e alimentos contaminados ou por meio do contato com uma pessoa doente. Se a pessoa for infectada quando criança, pode se tornar imune à doença, isto é, não contrai hepatite novamente.

Em crianças, os sintomas da hepatite A normalmente são bem discretos, parecidos com os de uma gripe (dores de cabeça e musculares, mal-estar, febre), mas algumas vezes a pele do doente fica amarelada. Já existe vacina contra a hepatite A, mas ela ainda tem custo elevado para a população, pois faz parte do esquema básico de imunização da infância apenas de alguns estados.

A hepatite E, para a qual ainda não existe vacina, é semelhante à hepatite A, mas sua ocorrência está mais associada a inundações.

Dengue

Ao contrário de outras doenças mencionadas anteriormente, a dengue não é transmitida diretamente pela água contaminada. O vírus da dengue aloja-se em duas espécies de mosquitos – o *Aedes aegypti* (que também pode transmitir a febre amarela) e o *Aedes albopictus* –, que transmitem o vírus quando picam uma pessoa sadia. Por isso, para evitar a transmissão e a proliferação da dengue, a melhor forma, até então estudada, ainda é evitar a reprodução desses mosquitos, que se reproduzem em água limpa parada, onde depositam seus ovos: qualquer pequeno depósito de água limpa é suficiente para que isso ocorra. Assim, é importante manter as caixas-d'água ou outros reservatórios fechados e remover qualquer objeto que possa acumular água das chuvas, como pneus, latas, vasos, brinquedos, vidros e garrafas. Embora seja mais comum em áreas urbanas, residências e outros edifícios, a transmissão da dengue também pode ocorrer em áreas rurais.

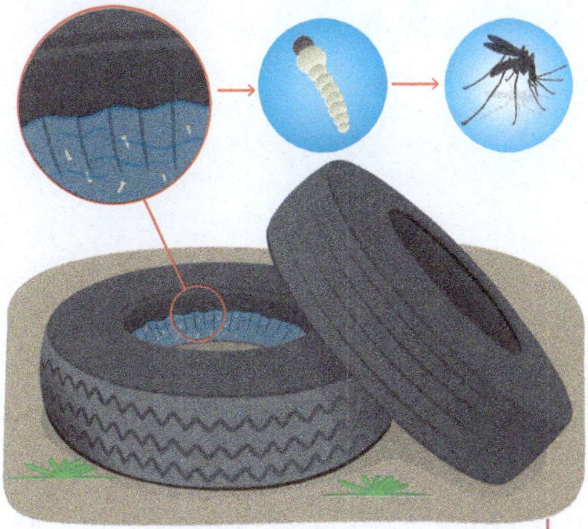

Shutterstock

O mosquito que transmite a dengue necessita de água limpa para se reproduzir. Por essa razão, uma das formas de combater a proliferação do mosquito é eliminando possíveis criadouros como pneus vazios, vasos, garrafas e outros recipientes que possam acumular água limpa.

Você sabia?

Vacinação infantil

No Brasil, as crianças são vacinadas gratuitamente nos postos de saúde ou durante as campanhas de vacinação contra várias doenças, como difteria, coqueluche, tétano, poliomielite, sarampo, tuberculose e rubéola. Mas ainda há muitas vacinas, que não são aplicadas gratuitamente nos postos. Aplicadas apenas em clínicas particulares, essas vacinas se tornam inviáveis para a maioria da população.

A dengue pode tornar-se uma doença bastante perigosa para a população, devido às epidemias que geralmente surgem nos períodos de chuva. Cerca de 2 bilhões de pessoas vivem em áreas onde é possível a transmissão de dengue. As áreas de maior risco são: América Central, América do Sul (exceto Chile, Paraguai e Argentina), América Central (México), África, Austrália, Caribe (exceto Cuba e Ilhas Cayman), China, Ilhas do Pacífico, Índia, sudeste asiático e Taiwan. O número de casos é estimado entre 50 e 100 milhões por ano.

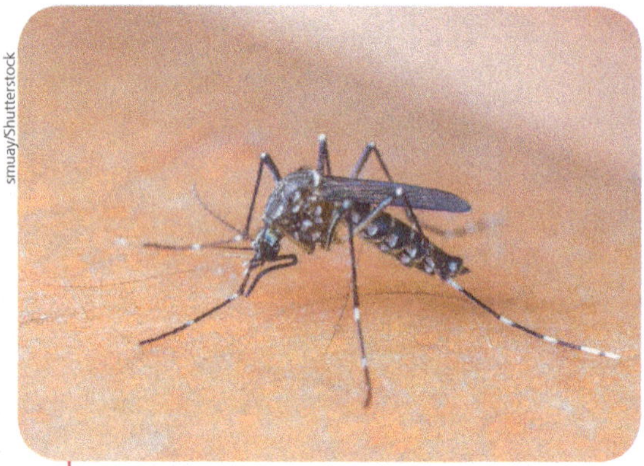

smuay/Shutterstock

O *Aedes aegypti*, mosquito responsável pela transmissão da dengue.

Cuidados necessários para evitar doenças

Algumas atitudes podem facilmente evitar a maior parte das doenças transmitidas pela água. O fundamental é garantir a qualidade da água ingerida e usada no preparo de alimentos. Se não houver água tratada disponível ou se houver dúvidas quanto a sua qualidade, ela deve ser fervida e filtrada. Verduras, legumes e frutas, para serem consumidos crus, devem ser previamente lavados em água corrente limpa, com muito cuidado. Em seguida, é necessário deixá-los mergulhados em água com uma solução de hipoclorito, que se adquire em farmácias ou em supermercados, durante trinta minutos aproximadamente, tempo suficiente para eliminar o risco de contaminação.

Além desses cuidados, antes de comer ou de preparar os alimentos é preciso lavar bem as mãos. Os alimentos devem ser bem cozidos ou fervidos, principalmente carnes, peixe, aves e leite. É necessário manter em geladeira tanto as sobras quanto os alimentos crus, para que não se estraguem. Bolos, pães, carne-de-sol podem ser conservados fora da geladeira, mas devem ser cobertos para que moscas e outros insetos não pousem sobre eles, contaminando-os.

O que contamina a água

Há três formas principais de **contaminação** de um corpo ou curso de água: a forma **química**, a **física** e a **biológica**:

- **Contaminação química** – é provocada por ácidos e metais pesados (mercúrio, chumbo) lançados pelas fábricas e indústrias. Pode ter origem nos detergentes, adubos, inseticidas e herbicidas utilizados na agricultura, e que são arrastados pelas águas das chuvas até os rios e depois para o mar.
- **Contaminação física**, ou **poluição térmica** – ocorre quando são lançadas nos recursos hídricos grandes quantidades de águas aquecidas que foram usadas, por exemplo, em indústrias para aquecer caldeiras, em processos de refrigeração de refinarias, siderurgias e usinas termoelétricas, ou em usinas nucleares. A forma física, ao contrário da química, não reage com a água, porém afeta negativamente a vida do ecossistema.
- **Contaminação biológica** – é uma das formas mais perigosas de poluição das águas, pois não se vê facilmente a olho nu. É provocada pelo lixo e pelos esgotos domésticos lançados na água sem tratamento e que levam ao desenvolvimento de microrganismos patogênicos causadores de doenças.

Veja mais sobre **Saneamento e doenças causadas por água contaminada** no *site*: <http://riosvoadores.com.br/educacional/falta-de-saneamento-doencas/>.

UMA LUZ NO FIM DO TÚNEL

7

moodboard RF/Thinkstock/Getty Images

O uso responsável dos recursos hídricos é uma das alternativas para assegurar a quantidade e a qualidade de água disponível. Isso quer dizer que as decisões devem levar em consideração ações que permitem o uso das reservas de água sem prejudicar a sociedade ou os ecossistemas.

Hoje não é esse o contexto vivido. O mundo passa por uma situação grave em razão da insuficiência de água disponível adequada para uso e consumo. Porém, muito pode ser feito para reverter esse quadro. O crescente agravamento da falta de água tem levado as pessoas a modificar seus hábitos, usos e costumes. Essa nova forma de pensar e agir visa manter o crescimento econômico sem desrespeitar o equilíbrio do meio ambiente, tendo clara noção de que um dos preciosos recursos naturais, a água potável, pode não ser mais suficiente para o consumo humano. A conscientização e a educação da população são fundamentais nesse processo. Racionalizar o uso da água não significa ficar sem ela periodicamente. Significa usá-la sem desperdício, considerá-la uma prioridade social e ambiental, fazendo o possível para que água tratada e saudável nunca falte em nossas torneiras.

Ações individuais e pontuais são importantes e fundamentais, pois conjuntamente levam a um resultado expressivo. No entanto, além dessas ações, que buscam inclusive uma mudança de cultura a longo prazo, outras também são necessárias. A principal é exercermos nosso papel de cidadãos, buscando uma postura ativa em prol de resolver os problemas ambientais da cidade.

Não adianta tentarmos poupar, penalizar, reclamar e reivindicar se não cuidarmos das fontes de água. Para começar, é necessário protegê-las e evitar danos.

Uma das possíveis maneiras de se fazer isso é conservando as MATAS CILIARES.

A mata ciliar consiste em uma vegetação nativa e é espécie do gênero área de preservação permanente (**APP**). Esse tipo de mata fica localizada às margens de rios, nascentes, lagos e represas e tem por escopo a proteção do solo e da água, evitando a erosão, o assoreamento e a poluição, já que dificulta a chegada dos dejetos materiais até o curso d'água. Além das mencionadas funções, a mata ciliar fornece relevante contribuição para evitar a escassez da água, já que a planta auxilia na retenção desse recurso hídrico pelo solo.

A mata ciliar desempenha várias funções importantes no meio ambiente. Embora essa vegetação tenha um caráter de imprescindibilidade para a manutenção do equilíbrio ecológico, sua regulamentação vem sofrendo significativas transformações.

No Brasil, as matas ciliares são protegidas pelo **Código Florestal**, que institui as regras gerais sobre onde e de que forma a vegetação nativa do território brasileiro pode ser explorada. Ele determina as áreas que devem ser preservadas e quais regiões são autorizadas a receber os diferentes tipos de produção rural.

Fabio Colombini

Mata ciliar do Rio Formoso. Bonito, MS, 2003.

O primeiro Código data de 1934, e, desde então, sofreu várias modificações importantes, como em 1965, que o tornaram mais exigente. Sua última atualização foi aprovada em maio de 2012 e foi objeto de intensa batalha no Congresso, que reduziu a proteção ambiental das versões anteriores.

É perceptível que a preservação da mata ciliar é de fundamental importância e que sua destruição gera tanto impactos para o meio ambiente quanto para a própria sociedade, ocasionando assim várias consequências negativas para o ser humano.

Embora essa lei tenha sido transgredida muitas vezes, a importância das matas marginais tem sido reconhecida cada vez mais. Já existem programas de recuperação de matas ciliares em vários estados brasileiros. A ideia principal é recompor a vegetação com suas características originais. Por isso, são usadas mudas de espécies nativas, isto é, que ocorrem naturalmente na região. Em locais especiais chamados viveiros são semeadas as plantas que podem demorar de três a dezoito meses até atingir o tamanho ideal para o plantio nas margens dos rios. Mesmo depois dessa etapa um cuidado de no mínimo dois anos é vital para permitir um bom desenvolvimento do novo bosque.

Você sabia?

As matas ciliares podem ser utilizadas como áreas de preservação permanente, as quais possuem previsão no art. 3º, II, da **Lei n. 12.651/2012**. São assim definidas legalmente:

Art. 3º Para os efeitos desta Lei, entende-se por:

[...]

II – Área de Preservação Permanente – APP: área protegida, coberta ou não por vegetação nativa, com a função ambiental de preservar os recursos hídricos, a paisagem, a estabilidade geológica e a biodiversidade, facilitar o fluxo gênico de fauna e flora, proteger o solo e assegurar o bem-estar das populações humanas;

Fonte: BRASIL. Lei n. 12.651, de 25 de maio de 2012: Código Florestal Brasileiro. *Diário Oficial da República Federativa do Brasil.*

Reutilização ou reúso da água

Outra maneira de fazer melhor uso dos recursos hídricos é por meio da reutilização ou reúso. Embora tenha se falado muito sobre esse assunto ultimamente, devido às épocas de seca cada vez mais frequentes e intensas, esse hábito vem de longa data. Já na Grécia Antiga, os habitantes utilizavam a água descartada após o uso em atividades cotidianas para irrigar suas plantações.

Mas de alguns anos para cá essa prática tem se tornado uma necessidade e por essa razão tem sido adotada por diversos setores da sociedade em várias partes do planeta.

Nos domicílios de diversos países a água usada é tratada e reutilizada. No Arizona (EUA), 80% dos esgotos domésticos são reciclados. É o que acontece também no Japão: nos condomínios, hotéis e hospitais japoneses, a água usada nos chuveiros é sistematicamente reaproveitada nos vasos sanitários.

O caso mais inspirador de reúso de água de esgoto tratada fica em Israel, na cidade de Tel Aviv, onde há mais de 30 anos ocorre 100% de reaproveitamento. Todo esse esforço é fruto da necessidade, uma vez que na região há uma escassez muito grande do recurso. Como a possibilidade de obtenção é mínima, o jeito é não desperdiçar. Assim, toda água utilizada nos domicílios e estabelecimentos comerciais é encaminhada para uma estação de tratamento, onde, após passar por uma série de etapas, é transportada por dutos por uma distância de 100 km no meio do deserto para ser utilizada na irrigação de plantações.

Essa é uma estratégia excelente, pois a agricultura é o setor com maior demanda de uso de água e o despejo de esgoto é uma das fontes mais poluentes dos reservatórios hídricos. Portanto, usar na irrigação a água de esgoto tratada é uma alternativa bastante inteligente. Resolve o problema da agricultura e paralelamente evita a degradação dos rios e dos oceanos, reduzindo a demanda sobre os mananciais.

Em nosso país, estamos acostumados a usar a água potável para quase tudo. Essa cultura, porém, tem se modificado aos poucos.

Algumas indústrias têm adotado um sistema de reaproveitamento, em que a água é captada, tratada e reutilizada na linha de montagem para outras finalidades dentro de suas instalações. Essa prática permite poupar cerca de 250 mil litros de água por ano, o que equivale ao consumo de quase 50 mil habitantes de uma cidade como a grande São Paulo, por exemplo.

A maioria das empresas, no entanto, não tem seu próprio sistema para captar e tratar a água, bem como reaproveitá-la. Contudo, tem a opção de comprar essa água de reúso – que é produzida dentro de algumas estações de tratamento de esgoto – para atender inúmeras finalidades como refrigeração de equipamentos ou aproveitamento nos processos de produção e limpeza. Além dessa água ser mais barata, seu uso colabora com a economia de água potável, o que contribui também para a conservação dos mananciais, pois diminui a demanda desses reservatórios.

Essa prática também tem sido adotada por algumas prefeituras como as das cidades do Rio de Janeiro, no estado do Rio de Janeiro, São Paulo, no estado de São Paulo, e Maringá, no estado do Paraná. Esses municípios utilizam água de reúso – proveniente das estações de tratamento de esgotos locais – para os mais diversificados fins, desde lavagem de ruas, praças e passeios públicos até irrigação de jardins, praças e campos esportivos. Em eventos e épocas especiais, como durante o Carnaval, na limpeza de vias públicas e de outros espaços, como os sambódromos, a água de reúso também é utilizada.

É uma tática realmente significativa, a ponto de ser uma das estratégias sugeridas pela ONU (Organização das Nações Unidas) para um melhor gerenciamento dos recursos hídricos.

Uma aliada: a chuva

A solução que parece oferecer maior quantidade de água sem prejudicar o ambiente é o aproveitamento da água da chuva. Ela pode ser aproveitada tanto para o uso doméstico, quanto para usos industrial e agrícola.

A ideia, no entanto, não é tão recente. Existem evidências de que a água da chuva tem sido usada pelas civilizações há milhares de anos. No deserto de Neguev, localizado no sul de Israel, ocupando quase 60% de seu território, as águas pluviais já eram aproveitadas a mais de 4 mil anos.

Na América Latina, alguns sistemas de aproveitamento das águas pluviais eram usados para irrigação, por volta do século X na região do México.

No Brasil, o primeiro aproveitamento de água da chuva do qual se tem conhecimento ocorreu no ano de 1943 na Ilha de Fernando de Noronha, por meio de instalações construídas pelo exército americano. Por ser uma ilha com dificuldade de acesso à água potável, a comunidade faz uso desse método até os dias atuais.

Essa técnica tem sido cada vez mais adotada principalmente em países desenvolvidos, como Japão, EUA, Alemanha e Austrália. Nesses países, a água da chuva é empregada de diversas formas, como na irrigação de jardins, praças e parques, na lavagem de pisos em áreas externas e na descarga de vasos sanitários e diversos outros fins.

Essa técnica, além de promover a conservação dos recursos hídricos, apresenta diversas vantagens, como a economia de água potável, a diminuição de enchentes. O custo é relativamente baixo, e o sistema é de fácil instalação. O primeiro passo é armazenar água de chuva captada por calhas nos telhados. Para a água poder ser realmente usada, ela deve passar primeiro por um filtro, no qual são retidas as impurezas, depois é armazenada em compartimentos adequados que são chamados CISTERNAS.

Sobre PROJETO SOBRE CISTERNAS, veja: <www.asabrasil.org.br/acoes/p1mc> e <www.caatinga.org.br/pedreiras-vencem-preconceito-e-constroem-mais-de-20-cisternas-em-parnamirim/>.

Delfim Martins/Pulsar

Mulher da etnia Kapinawá da comunidade ou aldeia Caldeirão pegando água em cisterna. Buíque, PE, 2013.

No meio urbano, o aproveitamento da água da chuva também tem se tornado popular em residências, edifícios residenciais ou comerciais e também em escolas e empresas.

Entretanto, essa técnica só é viável se ocorrer chuvas, o que não ocorre sempre. Para muitas regiões, as chuvas são raras e, portanto, não tem sentido. Porém, em algumas localidades é uma alternativa.

É a situação da região Nordeste do Brasil, onde esse método tem sido praticado em grande escala. Apesar de essa região se encontrar no semiárido e manifestar sérios problemas de escassez de água, apresenta na maior parte de seu território duas estações no ano: a da seca e a da chuva. Por essa razão, o uso de cisternas é praticável. Muitas famílias nordestinas têm se beneficiado do Programa Um Milhão de Cisternas (P1MC), uma das ações de mobilização social promovida pela Articulação do Semiárido (ASA). Entre 2003 e 2013 aproximadamente 420 000 cisternas de placas foram construídas favorecendo o acesso à água potável para muitas propriedades da região.

Programas com menor abrangência, mas com o mesmo objetivo, estão presentes na região Norte, com algumas experiências isoladas nos estados do Pará e Amazonas.

De fato, durante o período chuvoso a quantidade de água limpa que cai do céu é imensa. Se essa água for coletada e armazenada adequadamente, poderá ser utilizada pela população ao longo de todo o ano, mesmo durante os períodos mais secos. Ela serve não só para satisfazer as necessidades humanas diárias, como beber e cozinhar, mas também para plantação e criação de animais. Inúmeras famílias já se beneficiam com a instalação de cisternas, que são construídas de acordo com a quantidade de chuva na região, o tamanho do telhado e o número de pessoas que vivem no local.

Fontes alternativas

Em certas regiões do mundo o aproveitamento da água da chuva não é uma possibilidade viável, surgindo a necessidade de buscar outras alternativas para suprir as necessidades hídricas. Uma delas é a dessalinização, que consiste em retirar o sal da água do mar. Contudo, além de ser uma técnica cara, a purificação da água marinha pode causar danos ao meio ambiente devido ao excesso de sal descartado. Se for despejado no solo, a agricultura é prejudicada, e os reservatórios subterrâneos, contaminados. Por outro lado, em alguns lugares do mundo, como nas ilhas canárias (a oeste da África), a dessalinização é uma das únicas alternativas, já que suas terras são cercadas pelo mar. Nesses locais a população é obrigada a utilizar quantidades mínimas de água para executar todas as tarefas necessárias, o que leva as pessoas a elegerem as prioridades em relação ao uso da água.

Thinkstock/Getty Images

Usina de dessalinização localizada nas Ilhas Canárias.

Na Arábia Saudita, há uma série de usinas de dessalinização que produzem cerca de 450 milhões de litros de água por dia. O projeto é extremamente caro, mas para a região essa parece ser a alternativa mais viável.

No Reino Unido, também há a tradição de se obter água potável com base na extração de sal da água do mar. A primeira planta de dessalinização do Reino Unido foi instalada em 1970.

Nos Estados Unidos, o sal é removido não da água do mar, mas das reservas subterrâneas, que contêm água salobra, como em El Paso, no Texas.

Na Austrália, a questão da escassez de água é bastante preocupante, e uma de suas cidades, Perth, optou por remover o sal da água coletada no oceano Índico e torná-la potável para contornar esse problema.

É possível, também, utilizar as geleiras que acumulam boa parte da água doce do planeta no estado sólido. Por isso, elas chamam a atenção de vários pesquisadores interessados em aproveitar essa reserva para consumo humano. Uma das dificuldades associadas a essa alternativa é a distância entre as regiões onde se localizam as geleiras e as regiões densamente habitadas. Mesmo assim, há vários projetos em desenvolvimento com o objetivo de aproveitá-las como fonte de água doce. Outro ponto levantado é que esse procedimento pode trazer de volta epidemias já controladas, como a da varíola, cujos vírus só existem em laboratórios de altíssima segurança ou congelados nessas geleiras. Apesar dos riscos, o Japão tem investido no aperfeiçoamento desse método, comercializando a preços altos a água obtida por essa técnica, para atender a uma pequena parcela da população.

Outra possibilidade, uma das mais recomendadas, adotada nos anos 1990 pela cidade de Nova York é proteger os mananciais de água. Esse mecanismo de manter a vegetação nativa e evitar a poluição nas nascentes não só garante um suplemento de boa qualidade, mas economiza com tratamento ou busca de novas fontes de abastecimento.

Evitando o desperdício e diminuindo o consumo

Mesmo fazendo uso das práticas citadas anteriormente, ainda necessitamos usar água potável para realizar as muitas tarefas já mencionadas. Por essa razão, é necessário também fazer o uso racional ou eficiente da água, controlando o consumo, as perdas e o desperdício.

Em cidades que têm problemas de abastecimento de água, seja pela escassez do líquido, seja pelo custo, fica mais evidente quanto é importante que a população colabore para evitar o desperdício. Nessas cidades, as pessoas costumam utilizar a mesma água para diferentes finalidades. Por exemplo, a água usada para lavar roupas serve para posteriormente lavar o quintal. As pessoas também costumam mudar hábitos: regam jardins e plantas só na parte da manhã ou no fim da tarde; verificam se há vazamentos; lavam seus carros poucas vezes; não lavam calçadas, apenas as varrem; não instalam válvulas de descarga nos vasos sanitários, mas sim caixas de descarga, que são mais econômicas e produzem o mesmo resultado.

A conscientização da população não costuma ser automática. Na Austrália, por exemplo, houve uma campanha de uso racional da água que levou a uma diminuição em 8% no consumo, mesmo com um aumento populacional maior que 30%. A cidade de Nova York também reduziu seu gasto em mais de 60% ao longo de 18 anos de contínuo trabalho de conscientização.

No norte da Espanha, ocorreu caso semelhante em Zaragoza. Após períodos intensos de secas na década de 1990, a cidade conseguiu reduzir muito seu consumo depois de um esforço conjunto da população e das autoridades locais. Dentre as estratégias usadas, destaca-se uma ampla campanha de conscientização não só por meio dos meios de comunicação, mas também em escolas e outros espaços públicos. Outras ações que também contribuíram com o resultado positivo foram incentivos para compra de aparelhos domésticos econômicos, diminuição do uso de água em espaços públicos, como parques e jardins, redução de vazamentos e desperdícios dos recursos hídricos.

Verificando vazamentos

Uma pessoa utiliza entre 150 e 400 litros de água por dia. Se feito de maneira planejada, o consumo é menor. E a conta também. Vamos mostrar, na prática, como podemos economizar.

O primeiro passo é verificar os vazamentos. Para isso, você pode fazer um teste bastante simples. Feche todas as torneiras e registros da casa e verifique se ocorre algum movimento nos ponteiros do hidrômetro, o aparelho que mede o consumo de água.

Se isso acontecer, certamente existe vazamento. Um pequeno buraco (do tamanho da cabeça de um prego) no encanamento pode desperdiçar água suficiente para o consumo de uma família de quatro pessoas, durante cinco dias, incluindo limpeza da casa, higiene pessoal, preparação de alimentos e água para beber.

Economizando água: outras ações

A maior parte da água da casa vai para as descargas dos vasos sanitários, por isso é importante escolher um sistema de descarga econômico. Hoje já existem sistemas que consomem apenas 6 litros. Basta se informar no local de venda adequado.

Outra forma simples de fazer economia é evitar o uso do vaso sanitário como cesto de lixo. Papéis, cotonetes, algodão e pontas de cigarro não devem ser jogados no vaso sanitário, tanto para evitar entupimento do encanamento quanto por economia de descarga. Se todos os habitantes de uma cidade como São Paulo deixassem de acionar uma vez por dia a descarga para se livrar do lixo jogado indevidamente no vaso sanitário, seriam economizados cerca de 160 milhões de litros de água diariamente. Podemos evitar o desperdício simplesmente mudando alguns hábitos. Se a pessoa escovar os dentes durante 5 minutos com a torneira aberta, estará gastando 12 litros de água por dia. Essa quantidade equivale ao que um indivíduo poderia beber durante seis dias. Se a pessoa fizer essa mesma atividade de maneira mais econômica, ou seja, mantendo a torneira fechada e só usando água quando for necessário, gastará, em média, 2 litros. Faça as contas para ver quanta água pode ser economizada.

Há muitas outras maneiras de consumir menos água:

- reduzindo o tempo dos banhos e abrindo o chuveiro apenas para enxaguar o corpo;
- abrindo a torneira da pia da cozinha só quando for enxaguar a louça e não enquanto a ensaboar (o mesmo vale ao lavar roupa);
- deixando acumular a roupa para lavá-la toda de uma vez;
- evitando lavar calçadas e quintais com a mangueira; na maior parte das vezes, basta varrer;
- lavando o carro com baldes de água e não com mangueira.

Manual de etiqueta – 13 coisas que você não sabia sobre a água.
Disponível em: <www.comitespcj.org.br/images/Download/13CoisasSobreAgua_ManualEtiqueta2014.pdf>.
Acesso em: 2 fev. 2018.

Legislação

As questões relacionadas ao tema água são tão importantes a ponto de constar na legislação brasileira, ou seja, fazem parte do conjunto de leis de nosso país. A primeira manifestação desse interesse relacionado especificamente à água dentro do contexto do manejo adequado dos recursos naturais é a Lei das águas (Lei n. 9.433). Nessa legislação, criada em 1997, foi instituída a Política Nacional de Recursos Hídricos e ao mesmo tempo foi criado o Sistema Nacional de Gerenciamento de Recursos Hídricos. Em outras palavras, a proposta é incentivar o uso racional e integrado dos recursos hídricos, com a finalidade de garantir a disponibilidade de água para a geração atual, bem como para as futuras gerações.

A principal ideia relacionada a essa lei é que a água corresponde a um bem de domínio público, o que significa que todos nós somos responsáveis por ela. Assim, devemos evitar quaisquer danos relacionados a ela. Outro ponto levantado na lei é que em caso de escassez, deve-se priorizar o uso para consumo humano e de animais. Mas o mais importante é que essa lei sugere que os recursos hídricos devem ser manejados não só pelo poder público, mas deve contar com a participação dos consumidores e da população como um todo. Isso na verdade significa que a responsabilidade sobre a água deve ser dividida entre os diversos setores da sociedade.

Você sabia?

Perguntas e respostas sobre a crise hídrica

1. Por que estamos vivendo essa crise de falta d'água?
O maior problema é do clima. Os registros meteorológicos apontam que esta é a maior seca desde que começaram a ser feitas as medições no Estado, há 84 anos. Um relatório técnico produzido pelo Centro Tecnológico de Hidráulica e Recursos Hídricos aponta que esse tipo de estiagem tão crítica só ocorre a cada 3 378 anos e que a chance de se repetir é de apenas 0,033%. Mas houve também atrasos no andamento de outras obras de reservatórios que poderiam ter aliviado a pressão sobre o Cantareira.

2. O que é o volume morto?
É a água presente no fundo dos reservatórios, abaixo do nível de captação das comportas, que será bombeada a partir de hoje pelo governo. Acima do volume morto fica o útil, que é automaticamente captado pelas comportas.

3. Seu consumo traz riscos à saúde?
Segundo parecer de especialistas entregue ao Ministério Público, a captação do volume morto pode trazer poluentes depositados no fundo da represa. A Sabesp diz ter autorizações ambientais e afirma que a água continuará passando por tratamento antes de chegar ao consumidor. O Departamento de Água e Energia Elétrica (DAEE) também alega que essa água é a mesma que já é fornecida à população das regiões de Campinas e Piracicaba, no interior paulista. Segundo o órgão, ela é liberada por meio de "descargas de fundo". [...]

4. Quanto será usado do volume morto?
Ao todo, a Sabesp pretende captar cerca de 183 bilhões de litros da reserva profunda, praticamente metade dos 400 bilhões do volume captável. Pelos cálculos apresentados pela companhia, a quantidade é suficiente para abastecer a Região Metropolitana de São Paulo até o fim de novembro, quando se espera a volta da temporada de chuvas.

5. Com o uso do volume morto, não há mais risco de racionamento?
O governador de São Paulo [...] garante que, com o volume morto e a economia feita pelos cidadãos, o abastecimento sem racionamento durará até março de 2015.

6. O que é manobra operacional?
É uma forma de racionamento da oferta de água no período da noite. Moradores de vários bairros das zonas norte e oeste de São Paulo têm relatado que isso está acontecendo.

7. Como funciona o bônus?
É um desconto de 30% na conta de água de moradores de São Paulo, de 31 cidades da Região Metropolitana e de 11 do interior do Estado que conseguirem reduzir em 20% seu consumo de água.

8. Pessoas que tiverem alguma justificativa para o aumento poderão recorrer da multa?
O governo tem dito que casos especiais, em que o aumento do consumo foi inevitável (por exemplo, uma família que cresceu), serão analisados individualmente. Mas o procedimento sobre como recorrer só deve ser informado após a definição da cobrança da multa.

9. Até quando haverá água no volume útil?
No ritmo atual de redução, o volume útil pode terminar em meados de julho.

10. O que é a transferência ou interligação?
É a proposta de fazer a transposição da água do Paraíba do sul, que abastece o estado do Rio, para o Cantareira. [...]

Fonte: Guia **Como economizar água**. Disponível em: <www.estadao.com.br/infograficos/como-economizar-agua,cidades,159434>. Acesso em: 12 ago. 2015.

Consumo de água está acima do ideal

Segundo a Organização das Nações Unidas (ONU), o consumo de água considerado ideal para um indivíduo saciar a sede, cuidar apropriadamente da higiene e preparar os alimentos é de 110 litros por pessoa a cada dia. A média nacional por habitante, em 2013, foi de 166,3.

A ONU definiu, em Assembleia Geral, em 1993, todo dia **22 de março** de cada ano como **Dia Mundial da Água** (DMA).

DICAS PARA ECONOMIZAR

BANHO

Uma ducha de **15 minutos**, com o registro meio aberto, consome **135 litros**

Com a torneira fechada ao se ensaboar, e reduzindo o tempo de água corrente para **5 minutos**, o consumo cai para **45 litros**

HIGIENE

Escovar os dentes durante cinco minutos com a torneira não muito aberta consome **12 litros** de água

Mas ao apenas molhar a escova e fechar a torneira enquanto escova os dentes e, ainda, enxaguar a boca com um copo de água, é possível economizar mais de **11,5 litros** de água

DESCARGA

Uma bacia sanitária com válvula e tempo de acionamento de **6 segundos** consome de **10 a 14 litros**

Bacias com volume de descarga reduzido podem economizar de **4 a 8 litros** em relação à bacia sanitária tradicional

COZINHA

Lavar a louça com a torneira meio aberta durante **15 minutos** gasta **117 litros** de água

Com a torneira desligada enquanto ensaboa, o consumo cai para **20 litros**

BARBA

Fazer a barba durante **5 minutos** com a torneira meio aberta consome **12 litros** de água

Ao se barbear com a torneira fechada, o consumo cai para **2 a 3 litros**

JARDIM

Molhar as plantas por **10 min**. gasta **186 litros**

No inverno é possível regar dia sim, dia não. O gasto cai para **96 litros** de água por dia

CALÇADA

Lavar calçada com a mangueira por **15 minutos** leva a um gasto de **279 litros** de água

Usar uma vassoura em vez da mangueira traz **100%** de economia de água

PISCINA

Uma piscina média exposta ao sol e ao vento perde cerca de **3.785 litros** de água por mês por evaporação

Com uma cobertura, a perda é reduzida em **90%**, chegando a **378,5 litros** de evaporação de água por mês

CARRO

Lavar o carro por **30 minutos** com uma mangueira com meia volta de abertura pode consumir **560 litros**

Para reduzir, basta lavar o carro somente uma vez por mês com balde. Nesse caso, o consumo é de apenas **40 litros**

Fonte: **Guia Como economizar água**. Disponível em: www.estadao.com.br/infograficos/como-economizar-agua,cidades,159434> e **Portal Brasil**. Disponível em: www.brasil.gov.br/meio-ambiente/2015/01/agencia-da-onu-anuncia-tema-do-dia-mundial-da-agua. Acesso em: 1º out. 2015.

CONSIDERAÇÕES FINAIS

8

Por desempenhar diversos papéis nos seres vivos, no meio ambiente e na sociedade humana, a água é um tema bastante complexo. Símbolo da pureza e da fertilidade em diversas culturas, essa substância tem presença marcante ao longo da história da humanidade e faz parte do imaginário de muitos povos.

Apesar de reconhecermos que ela é imprescindível, em geral só aprendemos a lhe dar o seu devido valor quando ela nos falta. As pessoas que convivem com a escassez de água conseguem entender melhor a necessidade desse recurso. Por outro lado, nos locais onde a água é abundante sua qualidade fica comprometida devido ao uso excessivo e à degradação. É necessário percebermos que a água é um bem coletivo e, por essa razão, ao estarmos cientes de que somos todos responsáveis por atitudes de desperdício, contaminação e destruição, podemos refletir e procurar usar a água de forma planejada e sem desperdício. Devemos, portanto, zelar por sua qualidade, a fim de garantir nossa própria sobrevivência e a das próximas gerações.

Água

Misteriosa, santificada, purificadora, essencial. Através dos tempos, a água foi perdendo o caráter divino ressaltado na mitologia e na religiosidade dos povos primitivos e assumindo uma face utilitarista na civilização moderna. Cada vez mais desprezada, desperdiçada e poluída, atingiu um nível perigoso para a saúde pública. Divina ou profana, ninguém nega sua importância para a sobrevivência do homem, seu maior predador. Como se ensaiasse um suicídio, a humanidade está matando e extinguindo o elemento responsável pelo fim do mundo da tradição bíblica. E não haverá arca de Noé capaz de salvar aqueles que lutam ou se omitem na defesa do meio ambiente. Escolha a catástrofe: novo dilúvio universal com o derretimento da calota polar; envenenamento da humanidade com as substâncias tóxicas nos mananciais; chuva ácida; ou simplesmente a sede internacional pelo desaparecimento de água potável.

Fonte: João Marcos Rainho. Planeta água. *Revista Educação*, ano 26, n. 221, set. 1999, p. 48.

FOLHA DA CIÊNCIA

Uso inteligente

Estudo desenvolvido na Universidade de São Paulo sugere uso de energia solar para eliminar microrganismos patogênicos da água de esgoto e permitir o seu reaproveitamento na irrigação de cultivos agrícolas.

Flickr/Trey Ratcliff

Água de efluentes em Bangkok, na Tailândia. Em países como Israel, Austrália, Estados Unidos, Egito, Arábia Saudita, Tunísia e Chile, o reúso da água de esgoto na agricultura já é bastante comum.

Desperdiçar água é uma espécie de heresia ambiental. Especialmente na agricultura – setor que, no mundo em desenvolvimento, é responsável pela maior parcela de uso desse valioso bem. Não é de hoje que a comunidade científica vem apostando em tecnologias de reaproveitamento dos recursos hídricos.

Uma das alternativas é o reúso – para fins agrícolas – de água advinda das centrais de esgoto. Parece estranho. Mas a proposta não é ruim: essa água, rica em nutrientes e matéria orgânica, pode ser bom complemento na irrigação de algumas culturas cujo produto final não necessite entrar em contato direto com o líquido. É o caso do milho, por exemplo.

[...]

Quando o esgoto chega à estação de tratamento, ele é normalmente separado em duas partes: o lodo, que contém essencialmente partes sólidas; e a água residual, que, apesar de também ter alguma quantidade de resíduos sólidos, é predominantemente líquida. "Minha ideia foi reaproveitar essa água e torná-la útil à agricultura", diz a pesquisadora. A água de esgoto é rica em nutrientes como fósforo, nitrogênio e potássio. Se bem utilizada, o produtor rural pode acabar economizando nos custos com fertilizantes artificiais.

Porém, também há nessa água microrganismos indesejáveis. Por isso, é preciso se livrar deles antes de reutilizá-la. [...] foi desenvolvido um método capaz de diminuir significativamente a quantidade de bactérias do grupo dos coliformes (classicamente associados a padrões de higiene e potabilidade) e do helminto *Ascaris sp* (a famosa lombriga). A técnica se baseia simplesmente em um aquecimento controlado do líquido.

Experimentos foram feitos com água coletada em uma estação de tratamento da região de Piracicaba (SP). "Concluímos que, ao expor esse material a uma temperatura de 60 °C durante 15 minutos, já é possível inativar os coliformes", diz a agrônoma. Segundo ela, a taxa de sucesso aproxima-se de 100%. Para anular o desenvolvimento do *Ascaris sp*, a técnica também se provou bastante satisfatória com a exposição dos efluentes a temperaturas a partir de 60 °C por uma hora.

Ana Paula Damasceno

Sistema experimental de tratamento de água de esgoto para uso na agricultura desenvolvido por pesquisadora da USP: a água é aquecida com energia solar.

O emprego do aquecimento para eliminar microrganismos da água não é pioneiro. Mas Damasceno inovou ao usar painéis solares – aqueles que convertem energia solar em calor –, em vez de utilizar energia elétrica convencional para aquecer a água.

[...]

Pequeno lembrete: enquanto o reúso da água de centrais de tratamento de esgoto é sem dúvida uma ideia promissora, é importante considerar que, no Brasil, o saneamento básico ainda é sofrível. Em outras palavras, estações de tratamento de esgoto sequer existem em boa parte dos municípios de nosso país.

Fonte: Kugler, Henrique. **Uso inteligente**. Instituto Ciência Hoje, 12 set. 2014. Disponível em: <http://cienciahoje.uol.com.br/especiais/terra-e-agua/uso-inteligente/?searchterm=Uso%20inteligente>. Acesso em: 22 jan. 2015.

Dessalinização é alternativa para abastecer nove estados

[...] Enquanto São Paulo investe em buscar água de reservas cada vez mais distantes, a dessalinização é alternativa já adotada ou em fase de implantação em pelo menos nove Estados brasileiros.

Com o barateamento da tecnologia, especialistas dizem que a técnica é uma opção de abastecimento válida para todo o Brasil.

A tecnologia é utilizada principalmente na região Nordeste, onde são instalados sistemas para purificar a água salobra (com concentrações de sal menores que a do mar) do subsolo. No arquipélago de Fernando de Noronha, a água é retirada diretamente do mar.

O método usado em ambos os casos é a chamada osmose inversa, em que a água passa por um sistema de membranas. O sal e as impurezas ficam retidas, enquanto a água sai pronta para se beber.

[...]

O programa de dessalinização brasileiro começou a ganhar força na década de 1990, no governo de Fernando Henrique Cardoso (PDSB). Nas gestões dos petista Luiz Inácio Lula da Silva e de Dilma Rousseff, foi ampliado.

Hoje, o programa Água Doce beneficia 100 mil pessoas em todo o país. A meta é atender 2,5 milhões até 2019.

O coordenador do programa, Renato Saraiva, afirma que por enquanto o foco é o Nordeste porque a formação geológica do semiárido faz com que a água adquira as características das rochas da região, tornando-se salobra.

O Estado de São Paulo ainda não tem nenhum projeto para adotar a alternativa. Porém, para o responsável pelo Laboratório de Referência em Dessalinização da UFCG (Universidade Federal de Campina Grande), o professor Kepler Borges, nada impede que a técnica seja utilizada.

"A dessalinização poderia atender principalmente as cidades que ficam próximas à costa, o que vem sendo feito em todo o mundo", diz.

[...]

Custo

Entidades internacionais divulgam que o metro cúbico da água dessalinizada custa entre U$ 0,50 e U$ 1. Quem mais adota essa solução são países ricos e com poucas opções, como Arábia Saudita.

As membranas estão ficando mais baratas, mas um dos principais custos é o da energia para bombear a água.

No entanto, já existem alternativas para baratear esses gastos, diz Renato Saraiva, do projeto Água Doce.

"Com certeza vamos caminhar para uso da água do mar não só para cidades litorâneas, mas também para sistemas produtivos", afirma. "Mas, para isso, temos que avançar no uso de energias como a eólica e solar."

Fonte: Rodrigues, Artur; Brenha, Heloisa. Dessalinização é alternativa para abastecer nove estados. *Folha de S.Paulo*, São Paulo, 7 set. 2014. Cotidiano. Disponível em: <www1.folha.uol.com.br/cotidiano/2014/09/1512290-dessalinizacao-e-alternativa-para-abastecer-9-estados.shtml>. Acesso em: 15 abr. 2015.

Fenômeno dos rios voadores

Os rios voadores são "cursos de água atmosféricos", formados por massas de ar carregadas de vapor de água, muitas vezes acompanhados por nuvens, e são propelidos pelos ventos. Essas correntes de ar invisíveis passam em cima das nossas cabeças carregando umidade da Bacia Amazônica para o Centro Oeste, Sudeste e Sul do Brasil.

Essa umidade, nas condições meteorológicas propícias como uma frente fria vinda do sul, por exemplo, se transforma em chuva. É essa ação de transporte de enormes quantidades de vapor de água pelas correntes aéreas que recebe o nome de rios voadores – um termo que descreve perfeitamente, mas em termos poéticos, um fenômeno real que tem um impacto significante em nossas vidas.

A floresta amazônica funciona como uma bomba d'água. Ela puxa para dentro do continente a umidade evaporada pelo oceano Atlântico e carregada pelos ventos alíseos. Ao seguir terra adentro, a umidade cai como chuva sobre a floresta. Pela ação da evapotranspiração da árvores sob o sol tropical, a floresta devolve a água da chuva para a atmosfera na forma de vapor de água. Dessa forma, o ar é sempre recarregado com mais umidade, que continua sendo transportada rumo ao oeste para cair novamente como chuva mais adiante.

Propelidos em direção ao oeste, os rios voadores (massas de ar) recarregados de umidade – boa parte dela proveniente da evapotranspiração da floresta – encontram a barreira natural formada pela Cordilheira dos Andes. Eles se precipitam parcialmente nas encostas leste da cadeia de montanhas, formando as cabeceiras dos rios amazônicos. Porém, barrados pelo paredão de 4.000 metros de altura, os rios voadores, ainda transportando vapor de água, fazem a curva e partem em direção ao sul, rumo às regiões do Centro-Oeste, Sudeste e Sul do Brasil e aos países vizinhos.

É assim que o regime de chuva e o clima do Brasil se deve muito a um acidente geográfico localizado fora do país! A chuva, claro, é de suma importância para nossa vida, nosso bem-estar e para a economia do país. Ela irriga as lavouras, enche os rios terrestres e as represas que fornecem nossa energia.

[...]

Por incrível que pareça, a quantidade de vapor de água evaporada pelas árvores da floresta amazônica pode ter a mesma ordem de grandeza, ou mais, que a vazão do rio Amazonas (200.000 m^3/s), tudo isso graças aos serviços prestados da floresta.

Estudos promovidos pelo INPA já mostraram que uma árvore com copa de 10 metros de diâmetro é capaz de bombear para a atmosfera mais de 300 litros de água, em forma de vapor, em um único dia – ou seja, mais que o dobro da água que um brasileiro usa diariamente! Uma árvore maior, com copa de 20 metros de diâmetro, por exemplo, pode evapotranspirar bem mais de 1.000 litros por dia. Estima-se que haja 600 bilhões de árvores na Amazônia: imagine então quanta água a floresta toda está bombeando a cada 24 horas!

Todas as previsões indicam alterações importantes no clima da América do Sul em decorrência da substituição de florestas por agricultura ou pastos. Ao avançar cada vez mais por dentro da floresta, o agronegócio pode dar um tiro no próprio pé com a eventual perda de chuva imprescindível para as plantações.

O Brasil tem uma posição privilegiada no que diz respeito aos recursos hídricos. Porém, com o aquecimento global e as mudanças climáticas que ameaçam alterar regimes de chuva em escala mundial, é hora de analisarmos melhor os serviços ambientais prestados pela floresta amazônica antes que seja tarde demais.

Fonte: **Fenômeno dos rios voadores**. Disponível em: <http://riosvoadores.com.br/o-projeto/fenomeno-dos-rios-voadores/>. Acesso em: 20 ago. 2015.

Maior aquífero do mundo fica no Brasil e abasteceria o planeta por 250 anos

Imagine uma quantidade de água subterrânea capaz de abastecer todo o planeta por 250 anos. Essa reserva existe, está localizada na parte brasileira da Amazônia e é praticamente subutilizada.

Até dois anos atrás, o aquífero era conhecido como Alter do Chão. Em 2013, novos estudos feitos por pesquisadores da UFPA (Universidade Federal do Pará) apontaram para uma área maior e deram uma nova definição.

"A gente avançou bastante e passamos a chamar de SAGA, o Sistema Aquífero Grande Amazônia. Fizemos um estudo e vimos que aquilo que era o Alter do Chão é muito maior do que sempre se considerou [...], explicou o professor do Instituto de Geociência da UFPA Francisco Matos.

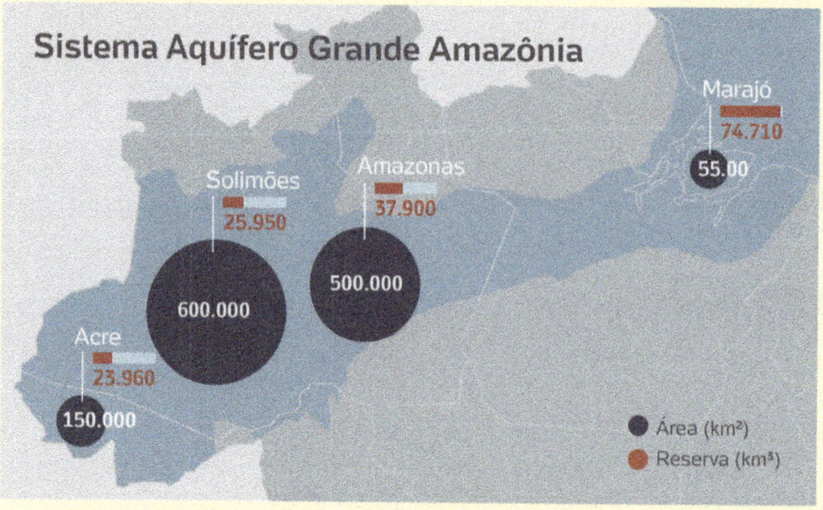

Segundo a pesquisa, o aquífero possui reservas hídricas estimadas preliminarmente em 162.520 km^2 – sendo a maior que se tem conhecimento no planeta. "Isso considerando a reserva até uma profundidade de 500 metros. O aquífero Guarani, que era o maior, tem 39 mil km^2 e já era considerado o maior do mundo", explicou Matos.

O aquífero está posicionado nas bacias do Marajó (PA), Amazonas, Solimões (AM) e Acre – todas na região amazônica –, chegando até às bacias subandinas. Para se ter ideia, a reserva de água equivale a mais de 150 quatrilhões de litros. "Daria para abastecer o planeta por pelo menos 250 anos", estimou Matos.

O aquífero exemplifica a má distribuição do volume hídrico nacional com relação à concentração populacional. Na Amazônia, vive apenas 5% da população do país, mas é a região que concentra mais da metade de toda a água doce existente no Brasil.

Por conta disso, a água é subutilizada. Hoje, o aquífero serve apenas para fornecer água para cidades do vale amazônico, com cidades como Manaus e Santarém. [...]

Para o professor, o uso da água do aquífero deve adotar critérios específicos para evitar problemas ambientais. "Esse patrimônio tem de ser visto no ciclo hidrológico completo. As águas do sistema subterrâneo são as que alimentam o rio, que são abastecidos pelas chuvas. Está tudo interligado. É preciso planejamento para poder entender esse esquema para que o uso seja feito de forma equilibrada. Se fizer errado, pode causar um desequilíbrio", disse.

Mesmo com a água em abundância, Matos tem pouca esperança de ver essa água abastecendo regiões secas, como o semiárido brasileiro. "O problema todo é que essa água não tem como ser transportada para Nordeste ou São Paulo. Para isso, seriam necessárias obras faraônicas. Não dá para pensar hoje em transportar isso em distâncias tão grandes", afirmou.

Fonte: **Falta de água.** Disponível em: <http://noticias.uol.com.br/cotidiano/ultimas-noticias/2015/03/21/maior-aquifero-do-mundo-fica-no-brasil-e-abasteceria-o-planeta-por-250-anos.htm>. Acesso em: 25 set. 2015.

LINKS INTERESSANTES

Agência Nacional de Águas (ANA)
http://www2.ana.gov.br/Paginas/default.aspx

Cartilha da companhia Vale do Rio Doce sobre a água
http://brasildasaguas.com.br/wp-content/uploads/sites/4/2013/05/CARTILHA-AGUA-CVRD.pdf

Embrapa (Empresa Brasileira de Pesquisa Agropecuária - Ministério da Agricultura, Pecuária e Abastecimento)
www.embrapa.br/agua-na-agricultura

Secretaria do meio ambiente e recursos hídricos Material sobre pegada hídrica.
www.meioambiente.pr.gov.br/arquivos/File/coea/pncpr/PEGADA_AGUA.pdf

TNC – The Nature Conservancy
https://www.tnc.org.br/nossas-iniciativas/coalizao-cidades-pela-agua/index.htm

Água: Uma questão para o mundo todo
http://www.rumosgeograficos.com/2014/03/agua-uma-questao-para-o-mundo-todo.html

Programa Bióleo
http://www.bioleo.org.br/home

Meio ambiente na escola. Disponível em:
http://portal.mec.gov.br/secad/arquivos/pdf/coea/Bibliografia.pdf

BIBLIOGRAFIA

BRASIL, IBGE. 2012. Indicadores do Desenvolvimento Sustentável. Disponível em: <ftp://geoftp.ibge.gov.br/documentos/recursos_naturais/indicadores_desenvolvimento_sustentavel/2012/ids2012.pdf>. Acesso em: fev. 2015.

BRITO, Manoel Francisco; CORREA, Marcos Sá. Água mole em pedra dura - dez histórias da luta pelo meio ambiente. Rio de Janeiro: Senac, 2006.

CLARKE, Robin; KING, Jannet. O Atlas da Água. São Paulo: Publifolha, 2005.

EMPRESA DE PESQUISA ENERGÉTICA (BRASIL). Balanço energético nacional 2013: Ano base 2012/Empresa de Pesquisa Energética. Rio de Janeiro: EPE, 2013. Disponível em: <https://ben.epe.gov.br/downloads/Relatorio_Final_BEN_2013.pdf>. Acesso em: fev. 2015.

HARA, M. A água e os seres vivos. O universo da Ciência. 6. ed. São Paulo: Scipione, 1997.

LUCCI, E. A. Vida e Sustentabilidade. 1. ed. São Paulo: Atual, 2014. (Projeto Ciência).

MATTOS, N. S.; GRANATO, S. F. Regiões litorâneas. 2. ed. São Paulo: Atual, 2013. (Projeto Ciência).

PARREIRAS, Ninfa. Encontros d'água. São Paulo: Scipione, 2009.

REBOUÇAS, Aldo da C. Uso Inteligente da Água. São Paulo: Escrituras, 2014.

REBOUÇAS, A. C.; BRAGA, B.; TUNDISI, J. G. Águas doces no Brasil: capital ecológico, uso e conservação. 3. ed. São Paulo: Escrituras, 2006.

TELLES, Dirceu D' Alkmin; COSTA, Regina H. P. Guimarães. Reúso da água - conceitos, teorias e práticas. São Paulo: Edgard Blucher, 2011.

TUNDISI, J. G. Água no século XXI: enfrentando a escassez. São Carlos: RIMA, 2003.

VILLIERS, M. Água. Rio de Janeiro: Ediouro, 2002.

A AUTORA

ELOCI PERES RIOS nasceu em São José do Rio Preto, em 19 de janeiro de 1963. Alguns anos mais tarde, mudou-se para os Estados Unidos, onde cursou parte do ensino fundamental e do ensino médio.

Formou-se em Biologia pela Universidade Estadual Paulista (Unesp) de Botucatu em 1986.

Dedicou-se à pesquisa acadêmica no Instituto Oceanográfico da Universidade de São Paulo (USP), e lá obteve os títulos de mestra e doutora em Oceanografia.

Ao longo de sua formação, fez vários cursos sobre Biologia Marinha e disciplinas afins.

Trabalhou muitos anos em estudos do meio dirigidos a alunos do ensino fundamental e do ensino médio, principalmente no litoral do estado de São Paulo.

Escreveu artigos para publicações como: Veja na sala de aula, da editora Abril, Revista TV Escola, do Ministério da Educação (MEC), e um fascículo sobre sistema digestório e nutrição dirigido a alunos do ensino médio.

Participou de projeto de educação a distância do MEC em parceria com a Unesco, elaborando atividades multimídia sobre ecologia.

Atualmente, leciona Biologia e participa de projetos para o ensino médio em escola particular na cidade de São Paulo. Além disso, cursa graduação em Licenciatura em Educomunicação na Escola de Comunicações e Artes (ECA) da USP.